“やらせっ

“隠れ強制”でもない

自主学習

THE REAL

ザ・リアル

Sunaga Yoshinobu

須永吉信

明治図書

はじめに

こんにちは、須永吉信です。

本書は「自主学習」に焦点を当てた、いわゆる「実践本」ですが、「『A』したら『B』になった」というような、単なる「報告（自己満足？）本」ではありません。

「なぜ自主学習に取り組むのか」といった原理的な問いから、「どうして自主学習がうまくいかないのか」といった根源的な問題まで、できる限り「なぜ」「どうして」のところまで掘り下げて書きました。

それは、読者の先生方に、「今の自分は何がしたいのか」「そのためには何が必要なのか」といった具体的な行動の指針を得ていただきたいからです。

もしかしたら、本書の内容はまったく自主学習指導の経験がない先生にとって、少しハードルが高いかもしれません。または、本書の通りに指導しても、同じような結果は得られないかもしれません。

もちろん、だれにでも一から指導していけるよう書いたつもりですが、同じ人間が指導するのではないのですから、これは仕方がないことです。

ただし、壁にぶつかったときに、確固たる行動の指針をもっていれば、迷うことなく、歩みを止めることなく進んでいけます。

かく言う私も、自主学習の指導で悩んだ1人です。

いいえ、自主学習はおろか、学級経営のイロハも知らないような教師でした。同期と会っては皆の活躍ぶりに肩を落とし、肩身の狭い思いをしてきたことをよく思い出します。

才能もない、経験もない、能力もない…、ないないづくしの私にできることは、「実行」のみでした。

実行し、反省し、改善する。ただそれだけを愚直に繰り返す。

その10年間の蓄積が本書です。

改めて正直に書きますが、本書は、読んで実践したからといって、すぐに身になるような内容ばかりではありません。

今の教育界には「〇〇ですぐにできるようになる」「〇〇で解決」といったキャッチフレーズが満ち溢れています。それらの真偽のほどはわかりませんが、技術の習得は本来即席ラーメンのようにはいきません。

むしろ、本物の技術を身につけようとすれば、「できない、うまくいかない」という壁に何度もぶち当たるのが普通です。

大切なのはそのたびに「考える」ことです。

本書は10年間の実践のまとめなので、たくさんのことが集約されていますが、それらをどう生かし、どう選び、どう使うかを「考える」こともまた、読者の先生方ご自身に託されています。


自主学習について、忘れもしないエピソードがあります。

ある学校で、何度目かの6年生を担任したときのことです。

展示してある自主学習ノートを過去の6年生の保護者が見る機会がありました。

保護者の方々はノートを見て、

「私たちの代（卒業生）よりも見違えるほど成長していますね」

と驚かれ、

「先生の教え方も磨きがかかっていますね。ノートを見ればすぐにわかりますよ」

何気ないひと言でしたが、私には忘れられない言葉となりました。

技術を磨くことで、私たち教師もまた成長するのです。

私自身、本書をまとめながら「ここは最近できていないな…」「これとこれを組み合わせればもっとよくなるかもしれない…」といった新しい気づきをたくさん得ました。

ですから、本書を通じて、「ここはこうした方がよい」「もっとこう工夫するべきだ」とアイデアや工夫を凝らし、アレンジしていただけたら、これ以上にない喜びです。

本書は決して完成品ではありません。ぜひ、読者の先生方の手でよりよい作品に仕上げてくだされればと思います。


教育とは流れる水の上に文字を書くような儚いものだ。

だが、それを岩壁に刻み込むような真剣さで取り組まなくてはいけない。

森　信三

本書を通じて、自主学習を実践するためのささやかなお手伝いができたら幸せです。

2020年3月
須永　吉信

もくじ
Contents

第1章 1学期 一年間無理なく続けるための「足場」を固める

第2章

2学期 それぞれの「もう一歩先」を目指す

第3章 3学期 本物の「独習」の世界に踏み込む

第0章

自主学習を始める前に考えたい7つの問い

なぜ自主学習に取り組むのか

4月の学年会。
5年生の担任3人が学年の決め事について話し合っています。

A先生「教室のルールはこのあたりでいいでしょう。では、宿題はどうしましょう？」
B先生「計算ドリルか、漢字練習のどちらかは毎日出すのがいいかもしれませんね」
C先生「そうですね。4年生でも毎日どちらかは宿題にしていました。あとは音読の宿題を毎日出していましたね。…あっ、自主学習はどうしますか？」
A先生「4年生のころはどうしていましたか？」
B先生「話によると、4年生では1日1ページ取り組んでいたみたいですね」
A先生「5年生で1日1ページだと少ないですね。見開きにしたらどうでしょうか？」

C先生「確かに増やした方がいいかもしれませんが、見開きだと習い事がある子は大変じゃないでしょうか？　あと、量を多く設定すると、そのうち『やることがありません！』って言われるかもしれませんし…。正直なところ、4年生の最後の方は『何をやったらいいかわからない！』って言われちゃって、保護者会でも話題になったことがありました」

A先生「なるほど。じゃあ量については1日1ページで様子を見ましょうか」

C先生「ありがとうございます」

B先生「あと、さっきC先生が『4年生のころは何をやったらいいかわからない子が多かった』って言いましたけど、5年生になるのだし、自主学習で予習や復習を推奨してはどうでしょうか？」

A先生「いいかもしれませんね」

C先生「そうですね。4年生のころは『好きなこと調べ』でも『日記』でも、なんでもいいことになっていて、あまり『学習』って感じがしなかったので、ちょうどいいと思います」

4月は多くの学年会で自主学習について話し合われると思います。冒頭の学年会の話し合いにもあった通り、取り組む内容、取り組む量などの検討は必須です。

これらは自主学習を回していくための「車輪」です。車輪がしっかりしていなければ、車は安定して走りません。

しかし、多くの自主学習の取組は、ある重要な要素を見落としています。この話し合いでも、ある重要な点が話し合われていません。

それは、**「車軸」**です。

いくら立派な車輪でも、車軸がしっかりしていなければ回りません。

ここでいう「車輪」とは、「ハウツー（How to）＝どのようにしてやるのか」です。

それに対して「車軸」とは、**「ホワイ（Why）＝なぜやるのか」**です。

「どのようにして自主学習に取り組んでいますか？」

という問いには、多くの先生が熱心に答えます。

しかし一方、

「なぜ自主学習に取り組むのですか？」

と問われると、答えに困ることがないでしょうか。

しかし本来、物事は「なぜ」から始めるべきではないでしょうか。

やるべき理由がはっきり見いだせていないのに、やり方だけが決まっているというのは、本来的にはおかしな話です。

「なぜ」という問いを立て、じっくりと考えることで、明確なビジョンを描くことができます。そして、それは物事を進める原動力になります。

どんな困難に遭遇しようとも、大きな迷いが生じようとも、ぶれずに進んでいく芯、それが「なぜ」なのです。

自分なりの理由を見いだす

「『なぜ』を問う」と言われると、難しく考えてしまうかもしれません。

しかし、物事の本質を探り深めていくような哲学的思考を求めるものではありません。

自分なりでよいのです。

自分なりに、真剣に考える。

調べたり、話し合ったりするのもよいでしょう。

時間が経てば考え方は変わっていくかもしれません。キャリアや経験を積めば、過ちがあったことに気づくかもしれません。

でも、それでよいのです。

教育に「答え」はありません。

我々に必要なのは「答え」を手に入れることではありません。自分の頭で考え、様々に調べ、話し合い、経験し、磨き合い、成長していくという過程なのです。

先ほどの話し合いにおいても、「ハウツー（How to）＝どのようにしてやるのか」を議論する前に、そもそも「ホワイ（Why）＝なぜやるのか」を話し合い、自分たちなりの自主学習の目的を共通理解しておくべきだったのです。

自主学習をやる理由

最後に、この本の筆者である私自身の、自主学習に対する「ホワイ（Why）＝なぜやるのか」を書いておきます。

私は、**「独習の方法を身につけさせるため」**と考えています。

「今、自分にどんな学習が必要かわかる」
「今、自分にとって一番よい学習方法を選択できる」
「今、自己実現のためにどのように学習を進めたらよいかビジョンを描ける」
このように、**人生をよりよくするために、自分自身で学習の方法を使いこなせるようになってほしい**のです。

つまり、私は生涯学習的な視点で自主学習を捉え、それを実現すべく自主学習を教室で実践しています。

自主学習の方法はそれこそ千差万別でしょう。

100人いれば、100の方法があって然るべきです。

ただいずれの方法を採るにしても欠かせないのは、まずは教師が「なぜ」を問い、じっくりと考えることです。

本書を読んでいただく先生には、本書を通じて、ご自身の「ホワイ（Why）＝なぜやるのか」を考えていただけたらと思います。

なぜ自主学習が息切れするのか

「自主学習が機能していますか？」

と聞かれて、自信をもって「はい」と答えられる先生は、なかなかいないのではないでしょうか。

はじめの1週間は勢いがあっても、1か月もすれば「なあなあ」に取り組む子が増え、3か月もすれば一部の子を除き、ほとんどの子がやっているのかやっていないのかわからない状態…といったことも珍しくありません。

はじめはがんばって取り組んでいたにもかかわらず、なぜ多くの学級で自主学習が「息切れ」してしまうのでしょうか。

多くの原因が考えられますが、第一に**「なぜ自主学習に取り組むのか、子どもたちが理解していない」**ということがあげられると思います。

自主学習を始めるときの指導を思い出してみてください。

はじめに、自主学習はどんなもので、どうやってやればよいのかを、過去のノートやプリントを基に説明したことでしょう。

さて、そこで子どもたちに「何のために自主学習をやるのだろう?」と問いかけたでしょうか。**教師と同じく、子どもにも「なぜ」を問いかけ、「目的」をもたせることが肝要**なのです。

第二に**「子どもたちが自主学習の効果を実感できない」**ことがあげられます。たとえ楽しくても、何らかの形で「成果」が出ていないと長続きしません。

この2点、「目的」と「成果」はとても重要です。この2点が欠如するとどうなるか。子どもたちは、わけもわからずピストルを鳴らされて、わけもわからず延々と走らされているように感じることでしょう。

「目的」のために行動し、対価として「成果」を得る。

そして次の「目的」に向かって進んでいく。

このように、サイクルを意識して指導することが大切なのです。

なぜ子どもたちは渋々自主学習に取り組むのか

自主学習は、子どもたちの意欲や興味関心のもとに、主体的にいきいきと展開されないといけないはずです。

ところが現実はどうでしょうか。

子どもたちに、

「自主学習は好きか」

「普通の宿題とどちらがいいか」

とアンケートをとったとき、どのぐらいの割合の子が自主学習について肯定的に答えるでしょうか。残念ながら、自主学習はあまり人気がないのが実情ではないでしょうか。

そこには、次の2点の原因が考えられます。

1つは、**「自分にはどんな学習が必要なのか（興味があるのか）わからない」**ということです。

そしてもう1つは、**「どんな学習が必要かわかっても、それをどう（ノートに）表現してよいかわからない」**ということです。

どうしてこの2点なのか。

それを考えるためには、自主学習を得意とする子を想定するとわかりやすいかもしれません。

まず、自主学習を得意とする子は、自分の置かれた（学力に関する）状況をよく理解しています。今、自分がどんな力をつけたいか、何が苦手で何が得意かなど、自分のことをしっかり把握しています。

さらに、スケジュールに合わせて計画的に学習に取り組む力もあります。テストが近ければ復習に力を入れ、余裕のあるときは自分の好きな学習に力を入れるなど、状況に合わせて臨機応変に学習に取り組めます。

次に、それに応じて学習を選択し、表現する力があります。反復練習が必要であれば計算練習を、理解が足らなければ問題の解説を、というように目的に合わせて学習を選び、巧みにノートに表現します。

そういう子たちにとって、決められた宿題はナンセンスです。効率が悪いからです。

要するに、決められた学習に比べ、**自主学習は「自分で必要な学習を選ぶことができる」「自分に合った方法で表現できる」という2点において優れている**と言えるわけです。

一方で、自主学習が苦手な子は、この2点にハードルを感じており、だから「決められた宿題の方が楽」という結論に至ってしまうのです。逆に言うと、この2点を克服すれば、多くの子が自主学習に意欲的に取り組めるようになるでしょう。

具体的な克服の手立ては、本書の中で考えていきたいと思いますが、1点注意したいのが、**いわゆる学力の高い子でも、「決められた宿題がいい」と思っている子が意外に多い**ということです。逆に、学力の低い子でも意欲的に自主学習に取り組み、めきめきと力をつける子はたくさんいます。要するに、**学力の高さと自主学習に対する意欲の高さは必ずしもイコールではない**ということです。

4つの要素

前項、本項で、自主学習に必要な要素について考えてきました。

まとめると、次の4点になります。

目的…なぜ自主学習に取り組むのか
選択…そのためにはどんな学習が必要なのか
表現…それをどうやって（ノートに）表現するのか
成果…取り組んだことでどのような成果を得られたか

この4つの要素を意識して、サイクルがうまく回り始めることで、はじめて子どもたちの自主学習は主体的になります。

自主学習の「形式」にとらわれていないか

ここまでは、自主学習の構造的な問題点に着目してきました。

次に考えたいのが、自主学習の「形式」にかかわる問題点です。

よく実践されている自主学習の形式を3例あげて、考えてみたいと思います。

❶「アイデア中心」の自主学習の問題点

予習や復習ではなく、「おもしろ日記」などの「自学ネタ」で進める自主学習です。

この手の自主学習は、**「成果」が曖昧**です。

子どもたちにとっての一番わかりやすい「成果」は、テストの点です。

子どもたちがそう強く感じてしまうほどに、テストが学習の出来を示す大きな指標になっているのは紛れもない事実です。

そんな中で、いくら「好きなこと調べ」に力を入れたとしても、毎日の小テスト、単元テストの点にまるで反映されなければ、何人の子が自主学習を意欲的に続けるでしょうか。

❷教師が過剰に評価をする自主学習の問題点

これは、シールを大量に与える等の過剰な評価を行い、教師の評価を軸に進める自主学習です。

意欲を喚起したり努力を認めたりするうえで、評価は重要です。しかし「評価で子どもたちを釣る」のは行き過ぎた行為であることも、教師は決して忘れてはいけません。シールを大量に与えたり、賞状をやたらと発行したりするのは、一時的な意欲喚起にはなるかもしれませんが、それだけでは決して長続きしません。この場合、**子どもたちにとって自主学習は、ご褒美をもらう（ほめてもらう）ための手段に過ぎない**からです。

さらに、自主学習の得意な子、教師の思惑通りノッてくる子は熱心に取り組むかもしれませんが、評価に合わない子、興味のない子、本当に自主学習を苦手としている子は自然と脱落していきます。

❸自作プリント等で進める自主学習の問題点

これは、教師が自作したプリント等で取り組ませる自主学習です。

自作プリントは、自主学習のよいヒントになります。しかし、それはあくまでヒントにすぎないことを強調したいと思います。教師の自作プリントばかりに取り組むような自主学習が、はたして中学校、高校、社会人に進んだときに、どれほど役に立つでしょうか。

「おもしろ」「熱中」の自作プリントを開発し、子どもたちに取り組ませることに強く反対するわけではありませんが、それがあくまで**「変化球」であることは認識しておく必要がある**と思います。

ここまで、3つの形式の自主学習の問題点をあげました。ここで捕捉したいのですが、あくまで問題点をあげただけで、実践そのものが問題であるわけではありません。

現に、問題点を十分に理解し、自主学習を効果的に指導している先生はたくさんいらっしゃると思います。

一方で、問題点がネックになり、うまくいかないケースもたくさんあると思います。どうしてこのような差が生まれてしまうのでしょうか。

それを考えるためには、そもそもこれらの「形式」とは何なのかについて、改めて考える必要があります。

これらの形式は、**自主学習の方法や道具に過ぎません。**

家を建てる際、木を切るときにはノコギリ、釘を打つときにはトンカチ、棚を固定するときにはドライバー…といったように、状況に合わせて臨機応変に方法や道具を選択する必要があります。

しかし、とにかく方法や道具に執着してしまっている人は、極端な話、ノコギリを使うべき場面でトンカチを握っていたりします。これでは、満足のいく家を建てることなどできないでしょう。

このように、形式は決して万能ではなく、目的や状況に合わせて選択していく必要があります。

教育界には、目を奪われるような見事な実践がたくさん存在します。しかし、同時にそれを使いこなすのはあくまで自分であることを決して忘れてはいけません。

自主学習に「アイデア」「センス」は必要か

前項で取り上げた自主学習の方法にかかわって、もう1つ考えておきたい問題点があります。

それは、

「自主学習には『アイデア』や『ネタ』が必要だ」

「自主学習には『(シールや賞状の発行などの)特別な評価』が必要だ」

「自主学習には『(自作プリントなどの)センス』が必要だ」

といった思い込みです。

「自主学習」というと、私たちは、**それを指導する教師の側にも、特別なアイデアやセンスが必要であると考えがち**です。

現に、いろいろな本で紹介されている自主学習の実践は、とても個性的で、アイデアやセンスがあふれているものが多く、それらを実践するには教師も時間と労力をかけなければできないものが多いように思われます。

しかし、ここまでに述べてきたようなことを考えると、そういったことにとらわれる必要がないことはすぐにわかります。

私もこのことに気がつくまでは、自主学習の指導が嫌で仕方がありませんでした。始めて1週間もすれば、子どもたちからは「何をやったらいいかわからない！」の大合唱。かといって、本を読んでも、とても真似できないようなすごい実践、ノートの紹介ばかり。

自力で手立てを考えようとしても、よいアイデアは全然思い浮かばないし、プリントに気の利いた絵をかくようなセンスもない。

隣の教室のアイデアマンの先生に常にあこがれていました。

しかし、前項で書いた通り、こういった形式そのものは、単なる自主学習の方法や道具に過ぎませんし、根本は別にあります。

具体的な話に入る前に、ここで「誤った先入観」をぜひ捨ててください。

自主学習に「必要感」があるか

自主学習には「成果」が必要である、と書きました。

「やってよかったな！」

「役に立ったな！」

このような具体的な成果を繰り返し得ることで、自主学習はだんだんと充実していきます。そして、成功体験を積むうちに、徐々に子どもたちの中に、

「自主学習は必要だ」

という「必要感」が形成されていきます。

クラスの大半の子が自主学習の必要性を信じて疑わないレベルになったとき、自主学習は本当の意味で子どもたちのものになります。

では、子どもたちにこのような「必要感」をもたせるにはどうしたらよいのでしょうか。

お金を例に考えてみましょう。

目の前に千円札があったとします（近くにお財布があれば、ぜひ千円札を出してじっと見つめてください）。

では、質問です。それは何でできていますか？

答えは簡単ですね。ただの紙です。

次の質問です。それを破ることができるでしょうか？

これも答えは簡単ですね。お札を破ることはできません。お札を破るのは犯罪行為ですし、そもそも破りたいと思う人はいないでしょう。

では、もう一度千円札を見つめてください。

ただの紙なのに、なぜ破れないのでしょう。

それは、この千円札を使えば、確実に千円分の成果（対価）が得られるからであり、そこに高い「必要感」が存在するからです。

自主学習も同じです。

自主学習を学校生活や授業における成果とより確実に結びつけることができれば、おの

ずとその必要感は高まります。

ここでは、3つ具体例をあげてみたいと思います。

❶テストと自主学習を結びつける

テストのための復習やまとめと自主学習を結びつけます。

2〜3日前にテストを予告し、計画的に自主学習に取り組ませます。

単元テストでも成果は得られますが、一番早く成果を実感できるのは小テストです。クラスで定期的に取り組んでいる漢字や計算の小テストと自主学習を連動させます。漢字なら漢字、計算なら計算に毎日少しずつ取り組ませます。少しずつでも毎日取り組むと、やっている子とそうでない子では差が顕著になります。毎日きちんと取り組んでいる子を大いにほめ、自主学習のよさを実感させます。

❷授業と自主学習を結びつける

授業の課題と自主学習を結びつけます。

例えば社会で、「寒い地方の暮らしのよさを考えよう」という課題を設定したとします。

それを事前に自主学習で調べてもよいことにするのです。当然、自主学習でがんばった分は授業で大いに活用できます。たくさん調べてきた子が活躍できる場を用意すると、自主学習のよさをより実感できます（具体的な実践方法は第2章「授業と自主学習を連動させる」をご覧ください）。

❸ノート指導と結びつける

授業のノートと自主学習を結びつけます。

自主学習でオリジナルキャラに問題の解説をさせたり、イラストや図を用いてわかりやすく説明したりするのが得意な子がいます。そういった子に、授業のノートも自主学習ノートと同じように工夫して書くようにすすめます。そして、そのノートの工夫を称賛します。

自主学習で取り組んでいるノートの工夫が授業のノートにも生かせるとわかれば、子どもたちは俄然やる気になるでしょう。自主学習で高いレベルのノートスキルを身につけているのに、実際の授業では板書を写すだけ。これでは自主学習でノートを工夫する必要感がありません。

学級経営のポイントが押さえられているか

学級経営は、学級におけるあらゆる活動の柱です。

学級経営が安定したクラスで行う自主学習と、不安定なクラスで行う自主学習では、指導の難易度がまったく違います。

そこで、ここでは自主学習の指導をスムーズに進めるための学級経営のポイントを、6つ紹介します。

❶まずは言われたことをきちんとやらせる

「自主的に行う学習なのに、矛盾しているのではないか」と感じられるかもしれません。

しかし、このことの大切さを理解しているかどうかで、自主学習の成功率は大幅に変わってきます。

例えば、野球の初心者が素振りを始めたとします。いきなり試合に出て、ピッチャーの球を打つことはできません。そこで素振りから始めるわけですが、「素振りが楽しくて仕方がない」という人はほとんどいません。しかし、1か月くらい経つと、徐々にボールが打てるようになり、素振りの大切さがわかってきます。ようやくここで、「素振りは大切だな、やってよかった」と実感するわけです。

自主学習も同じです。

成果が見えにくいので、はじめのうちは苦しいものです。そこで、はじめは言われたことをきちんとやり、成果が実感できるまで続ける必要があります。本当の自主学習が始まるのはその後です。

❷粘り強く取り組ませる

再び素振りを例に考えてみましょう。

試合に出て満足に打てるようになるまでには何日間も素振りを続けなくてはいけません。しかし、初日の真剣さ、新鮮さがいったい何日間続くでしょうか。何週間も続ければ、だんだんと飽きてくるのが普通です。

自主学習も同じです。

形になるまでは基礎基本の繰り返しです。素振りと同じく、「毎日繰り返すことを真剣にやる」という意識を育てたいところです。

❸何事も丁寧に取り組ませる

自主学習を充実させるためには、「丁寧さ」が不可欠です。自主学習が得意な子どものノートは、ほぼ間違いなく丁寧に書かれています。

自主学習を始めるときに、丁寧に書く習慣が身についていれば、それは大きなアドバンテージになります。

❹集中して取り組ませる

自主学習に本気で取り組むとなると、毎日それなりの時間を要します。そうなると、テレビを見ながらダラダラやったりするのではなく、集中して取り組む習慣をつけないとうまくいきません。これは、漢字練習、計算ドリルなど、集中して取り組みやすいところから少しずつ習慣をつけていきます。朝の用意や休み時間などの行動の切り替えを早くさせることも大切です。

❺何事も前向きに捉えさせる

日頃から意欲的に取り組む習慣のある学級の方が、すべてにおいて上達は早いものです。例えば、

「体育館の荷物を運ぶのを手伝ってくれる人？」

などの頼み事をしたときに、子どもたちはどう反応するでしょうか。こういったことも含め、何事も前向きに捉えられる集団づくりを心がけたいものです。

また、お互いを認め合える関係であることも大切です。自主学習の得意な子どものノートが紹介されたときに「すごい、真似してみたい！」と子どもたちが思う学級の方が、やはり上達は早いものです。こういった面での前向きさというのもまた重要です。

❻宿題とのバランスを考える

これは、教師が気をつけるべきことですが、自主学習を行ううえでは普段の宿題とのバ

ランスを考える必要があります。

よく、普段の宿題（漢字練習、計算ドリル、練習プリント、音読など）に自主学習をまるまる上乗せする学級がありますが、これではいけません。

自主学習をたすならば、普段の宿題から何かをひかないといけないのです。何をどれぐらいひくのかは、子どもたちにとって自主学習がどれだけの負担になるのかよくよく考えて決める必要があります。

第1章

1学期
一年間無理なく続けるための「足場」を固める

子どもに事前アンケートをとる

自主学習は、一律的な内容の宿題よりも自由度が高いものです。

大げさに言えば、40人学級なら40通りの学習が同時に展開されるわけです。

そこで、**自主学習を始める前に、まずは子どもたちの実態を把握する必要があります。**

具体的には、以下のようなアンケート調査を行います。

家での生活について

①習い事は週何日で、何時から何時までか
②何時にご飯を食べるか
③何時に寝るか

宿題の取り組み方について

①宿題をどこでするか
②宿題をいつするか
③宿題にかかる時間はどれぐらいか
④宿題をしているときの環境はどうか（テレビなどがついているか）
⑤宿題を集中してできているか

自主学習について（　）は未実施の場合）

①自主学習は好きか（楽しみか）
②決められた宿題とどちらがよいか

自己判断でよいので、簡単に書かせます。子どもたちの大まかな傾向をつかんでおくと自主学習の量や頻度の判断、今後必要になる個別指導に役立ちます。

何のための自主学習なのかを考えさせる

第0章で「なぜ」を問い、自主学習の目的を考える大切さについて書きました。

自主学習が始まる前に、ぜひ子どもたちにも、

「なぜ自主学習に取り組むのか」

「何のために自主学習に取り組むのか」

を具体的に考えさせましょう。

わけのわからないまま取り組むのと、納得し目的を見据えて取り組むのでは、同じことをさせても結果はまったく違ってきます。

「答え」を出すのが目的ではありませんから、1つの意見に絞ることはせず、できるだけたくさん考えを書かせるようにしましょう。

グループで話し合わせるのも1つの方法です。

思いついたことを黒板に書かせ、全体で共有するとよいでしょう。たくさん出た意見の中から、特に自分が重要だと思うことを３つ程度選び、それを自分自身の言葉に落とし込ませます。

それを自主学習ノートの表紙や裏表紙に書かせて、時折、「目的を忘れていないか」「目的を達成できるような取り組みをしているか」と振り返りをさせると効果的です。

目的は子どもたちの決意でもあります。

ぜひこまめに振り返る時間を取るようにしましょう。

教師の思いを語る

子どもたちの目的が決まったら、もう1つやらなくてはならないことがあります。

それは、教師の思いを語ることです。

教師の思いを語る。

これはすべての指導に共通する重要事項の1つです。

例えば、ほぼ教師の介入がない「学び合い」でも、活動前に教師の思いを語ることが重要視されています。

ところが、ほとんどの教室で教師の思いは語られません。子どもたちの考えを尊重したいからでしょうか。しかし、やるのが子どもだからといって、教師が何も考えなくてよいわけではありません。

むしろ、子ども以上に真剣に考え、「自分はこれほどまでに大切に考えている」という思いを、子どもたちに伝えなくてはなりません。

「先生は教室のだれよりも真剣に考えている」

「先生は教室のだれよりも熱い気持ちでいる」


ぜひ、熱意を込めて語りましょう。


私の場合は、次のように語ります。

「これから自主学習が始まります。

皆さんは『学習』について、どんな印象を抱いているでしょうか。

もしかしたら、決められたことをやる、言われたことをやる、大人になったときに必要だからやる、本当はやりたくもないのにやらねばならない…と感じている人もいるかもしれませんね。

『学習』にそのような一面があることは事実です。人生好きなことだけやればいい、というわけにはなかなかいきません。

しかし、『学習』は決して無意味なものではありません。必ず意味があるのです。

先生は『学習』の本質を、『願いを叶える』ことだと考えています。

テストでよい点を取りたい、この学校に入りたい、将来の夢を叶えたい、社会に貢献したい、好きな○○について徹底的に調べたい、○○を学んで人生を豊かに楽しみたい…『学習』はこういった願いを叶えるためにあるのです。

現に、人間から『学習』を奪ってしまったら、この社会は成り立つわけもなく、それどころかヒトは人間として生きていくことすらできなくなるでしょう。

ですから、皆さんにはぜひ自分一人でも学習していける『独習の方法』を身につけてほしいと考えています。

自主学習を通して、今の自分は何がしたいのか、そのためには何が必要なのか、それをどう学習したらよいのか、自分の願いを叶えるための方法を身につけてほしいのです。

先生に言われたことだけをやればよいのは、学校だけです。学校を卒業して社会に出たら、自分で学んでいかねばなりません。

その期間は、学校にいる時間よりもはるかに長いのです。

これから始まる自主学習では、最初は基礎基本を学びますから、本当に自由にできるようになるにはまだ時間がかかります。もしかしたら途中でくじけたり、目的を見失ったりするかもしれません。

でも、大丈夫です。

先生がついています。そして、みんながいます。みんなで一丸になって取り組めば、きっとできるようになります。

できないのなら、それは先生の責任です。先生はそれほどまでに強く決意しています。

みんなでがんばっていきましょう」

前章で述べた通り、私は自主学習の目的を「独習の方法を身につける」ことだと考えているので、その理由と思いを乗せて、子どもたちの前で熱く語ります。

この語りは子どもたちを「染める」ためのものではありません。

教師の「本気」を見せるためのものです。

リーダーの熱意は集団に波及していきます。

ぜひ教師の本気を子どもたちに示してください。

いきなりトップギアに入れない

いよいよ自主学習が始まります。

自分の熱い思いは通じただろうか。

子どもたちはどれほどがんばってくれるだろうか。

次の日の子どもたちのノートが待ち遠しくて仕方ないことでしょう。

しかし、最初から過度の期待を抱いてはいけません。

子どもたちのやる気は高まっているかもしれませんが、体がついていかないからです。

初期の子どもたちは、意欲は高くても、技能は低い状態です。このような**「現実と理想の乖離（ギャップ）」に敏感でないと、指導はうまくいきません。**

野球で例えると、バットを握った初日に1000回素振りをしても、いきなり強打者になれるわけはないですし、それを毎日続けられるはずもありません。

初心者なら、せいぜい１００回、いえ50回程度がちょうどよいでしょう。いずれにせよ、いきなり成果があらわれることなどあり得ません。

自主学習も同じです。むしろ、

「先生、もっとやりたいです！」と子どもたちから要求が出るくらいがちょうどよいのです。

何の制限もないまま、「よーい、ドン」とピストルを鳴らすと、子どもたちは長い道のりにもかかわらず、全力疾走しようとします。

思いを語るときに情熱は大切ですが、指導が始まったら、教師はだれよりも冷静でなくてはいけません。教師は子どもたちの状態を常に把握し、調整するペースメーカーでなくてはならないのです。

「これなら私にもできる！」を大切にする

自主学習の量を制限することに加え、子どもたちの「やりたい！」という気持ちが高まったときに気をつけないといけないことは何でしょうか。

それは、**「やりたいけどできない」という状況にしないということ**です。

世の中の「名コーチ」と呼ばれる方々の本を読んだり、セミナーに行って話を聞いたりして感じるのが、初期指導の見事さです。実に丁寧で、的確です。

まず名コーチは、最大限の情熱をもって習い手の心に火をつけます。同時に、非常に具体的、かつわかりやすく指導を施します。

習い手が上達してきたところを見計らい、徐々に自立できるように支援していきます。

では、自主学習はどうでしょうか。

プリントを配ったり、お手本を配ったりして、やり方の説明はするでしょう。しかし、次の瞬間から子どもたちに丸投げしてはいないでしょうか。

「何をやったらいいかわかりません！」

と真っ当な質問をする子に、お茶を濁すようなアドバイスをして、

「とにかくやってみればわかるから、がんばっておいで」

と突き放してはいないでしょうか。

野球に例えるならば、

「とりあえずバットを持って振り回してみろ」

と言っているようなものです。

これでは、せっかく高まったやる気も、みるみるしおれてしまうのは明白です。

ここで必要なのは、

「これなら私もできる！」

「簡単だ！」

と子どもたちに手応えを感じさせることなのです。

「ちょっと」を「しっかり」の意識で取り組ませる

では、どうすれば「これなら私にもできる！」と子どもたちに手応えを感じさせることができるのでしょうか。

学級に40人の子どもがいれば、40人分の個性があるわけですが、それらすべてに応えるのは至難の業です。

そこで、**子どもたちが上達してくるまでは、決まった課題に取り組ませるようにします。**

「決まった課題に取り組むのでは、自主学習ではないのではないか」と感じるかもしれませんが、最初のうちは土台を築くことを優先します。

授業の予習・復習、テスト勉強、漢字や計算など、成果のあらわれやすい内容を選ぶのがベストです。

私が特におすすめするのは漢字です。

これを「ちょっと」だけやらせます。

普通の漢字練習に比べて「かなり少ないな」と思う量にします。

ただし、それらを「しっかり」と取り組ませます。

子どもたちには、

「ちゃんと削った鉛筆で、丁寧に書いてこないとやり直しですよ」

と念を押します。

そして、**丁寧に書いてこない場合は、実際に必ず書き直しをさせます。**

このようにして、自主学習において重要な「丁寧に取り組む習慣」を身につけさせていきます。

この「ちょっと」を「しっかり」の方式ならば、子どもたちの多くは、「これなら私にもできる！」と感じるでしょう。

少しの量なのに、丁寧にやってくればほめられるのですから、子どもにとってもまさに一石二鳥です。

はじめは学校で取り組ませる

自主学習の初期指導を丁寧に行い、子どもたちも「これなら私にもできる！」とやる気に満ちています。

先生も、「よし、これで大丈夫！」と思うかもしれませんが、そうは問屋が卸しません。

子どもたちがそれを「どのようにやるか」がわからないからです。

素振りを100本課したとして、それをどのぐらいの真剣さで、どのぐらいの丁寧さで、どのぐらいの時間で行ったかは、わかりません。

もしかしたら、ダラダラと無用な休憩をはさんで振ったかもしれません。

早く終わらせようといい加減にやったかもしれません。

極端な話、片手で振ったかもしれません。しかし、結果としては100本は100本ですから、子どもたちは「ちゃんとやりました」と言うでしょう。

指導する側は見ていないのですから、ダメと言うことはできません。

こういった事態を防ぐために、はじめのうちは学校で自主学習に取り組ませます。

集中して丁寧にやらせ、何日か続けたら、

「家でも学校と同じようにやるのですよ。字を見て、（学校で書いたときより）雑になっていたらやり直しをします」

と明確な基準を宣言します。

また、

「集中して行えば、全員が○分で終わることがわかりました。家でも集中してこれぐらいの時間で終わらせるようにしましょう。ダラダラやってはいけませんよ」

とつけ加えると、集中して取り組むきっかけにもなります。

基本の構成を決める

前項までで見てきた基本的な指導を踏まえ、ここからは、それぞれの先生が自分の目的に合った自主学習の指導を進めていけばよいわけですが、ノートの書き方についても一定の基準を設けておくことをおすすめします。

私は「見開きで2ページ」を自主学習の基本形としています（高学年を対象とした例ですので、その点を踏まえてお読みください）。

左ページと右ページで取り組む内容が異なります。

❶左ページ

左ページでは、基礎基本の定着のための学習や、授業の復習を行います。

次ページからの例のように、ノートを3段に分け、上段に漢字テスト、中段に算数の復

5/18　4時13分～4時27分（かんじ）

1.たいしょ 2ぜんしょ 3しょり 4しょち 5しょぶん 6しゅうしょく 7しゅうにん 8しゅうぎょうじかん
対処　善処　処理　処置　処分　就職　就任　就業時間
9しゅうこう 10かんちょう 11かんまん 12うめぼし 13ほす 14にゅうじ 15ぎゅうにゅう 16にゅうせいひん
就航　干潮　干満　梅干し　干す　乳児　牛乳　乳製品
17ちち 18じょうもん 19じょうかまち 20しろあと 21しろ 22じゅうらい 23じゅうじゅん 24じゅうぎょういん 25したが
乳　城門　城下町　城あと　城　従来　従順　従業員　従う
26したがえる 27さいばんしょ 28さいけつ 29ようさい 30さばく 31せいざ 32とうじ 33われわれ 34ばくまつ
従える　裁判所　裁決　洋裁　裁く　星座　冬至　我々　幕末
35けいび 36けいこく 37きしょうちょう 38すいじょうき 39せんれん 40こうざ 41げし 42われ 43まく
警備　警告　気象庁　水蒸気　洗練　講座　夏至　我　幕

算数　4時29分～4時38分

xとyについて

xとは（□）　yについて（○）

□のこと。中学高校で使われる。　答えがわからない時につかう記号。

xに当てはめた数10をxの値と言う。その時のyの表す数、3、14をxの値に対応するyの値と言う。

□×3.14＝○ → x×3.14＝y　になる。

書き順

①x②x x x x x x　y y y y y y y

理科　4時40分～4時48分

その他の臓器

ぼくもぼうにんげんですが
ぞうきあります！ たぶん！

肺→呼吸をする所。タバコを吸うと、肺がもろくなってしまう。

小腸→胃で消化された物の栄養・水分をとる。

大腸→小腸でとりきれなかった水分をとる。

心臓→きん肉でできている。この臓器が体中に血液を送っている。

その他

ヨウ素液→茶色・でんぷんに反応し青紫色になる。

臓器→心臓・肺・肝臓など

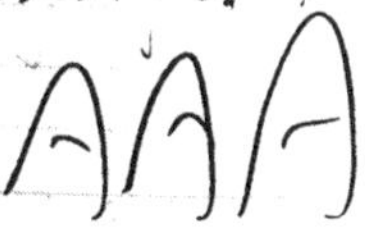

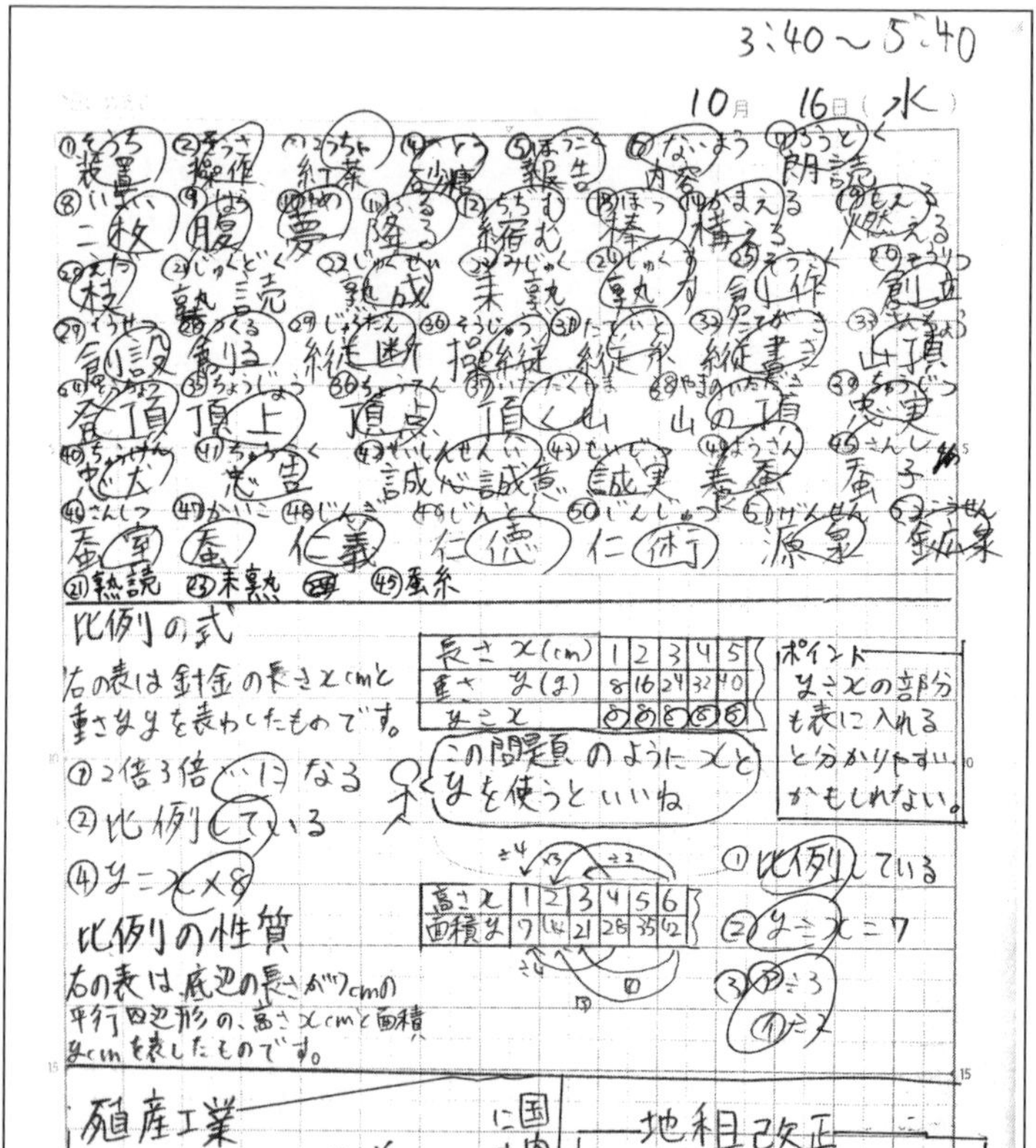

3:40〜5:40

10月 16日（水）

装置 操作 紅茶 砂糖 報告 内容 朗読
二枚 腹 夢 降る 縮む 棒 構える 燃える
枝 熟読 熟成 未熟 熟す 創作 創立
創設 創る 縦断 操縦 縦承 縦書き 山頂
登頂 頂上 頂点 頂く 山の頂 忠実
忠太 忠告 誠心誠意 誠実 養蚕 蚕子
蚕室 蚕 仁義 仁徳 仁術 源泉 鉱泉
㉑熟読 ㉓未熟 ㊺蚕糸

比例の式

右の表は針金の長さ x cm と重さ y g を表わしたものです。

長さ x (cm)	1	2	3	4	5
重さ y (g)	8	16	24	32	40
y÷x	8	8	8	8	8

ポイント
y÷xの部分も表に入れると分かりやすいかもしれない。

①2倍3倍…になる
②比例している
④y=x×8

この問題のようにxとyを使うといいね

比例の性質

右の表は底辺の長さが7cmの平行四辺形の、高さ x cm と面積 y cm を表したものです。

高さ x	1	2	3	4	5	6
面積 y	7	14	21	28	35	42

①比例している
②y÷x=7
③㋐さ3 ㋑だ×

殖産工業
外国人技師の指導によって進んだ技術を学んだ。
官営工場 富岡製糸場 など
国内工業をさかんにする

地租改正
米→お金
収入を安定させる。しかし一揆などが行った。
国の財政を安定

徴兵令
20才以上の男子が軍体に入らされた。
強い軍体を作る

富国強兵

今日のふりかえり → がんばり表に書こう

AAA

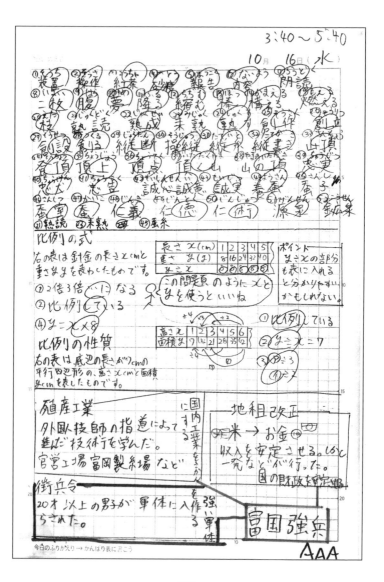

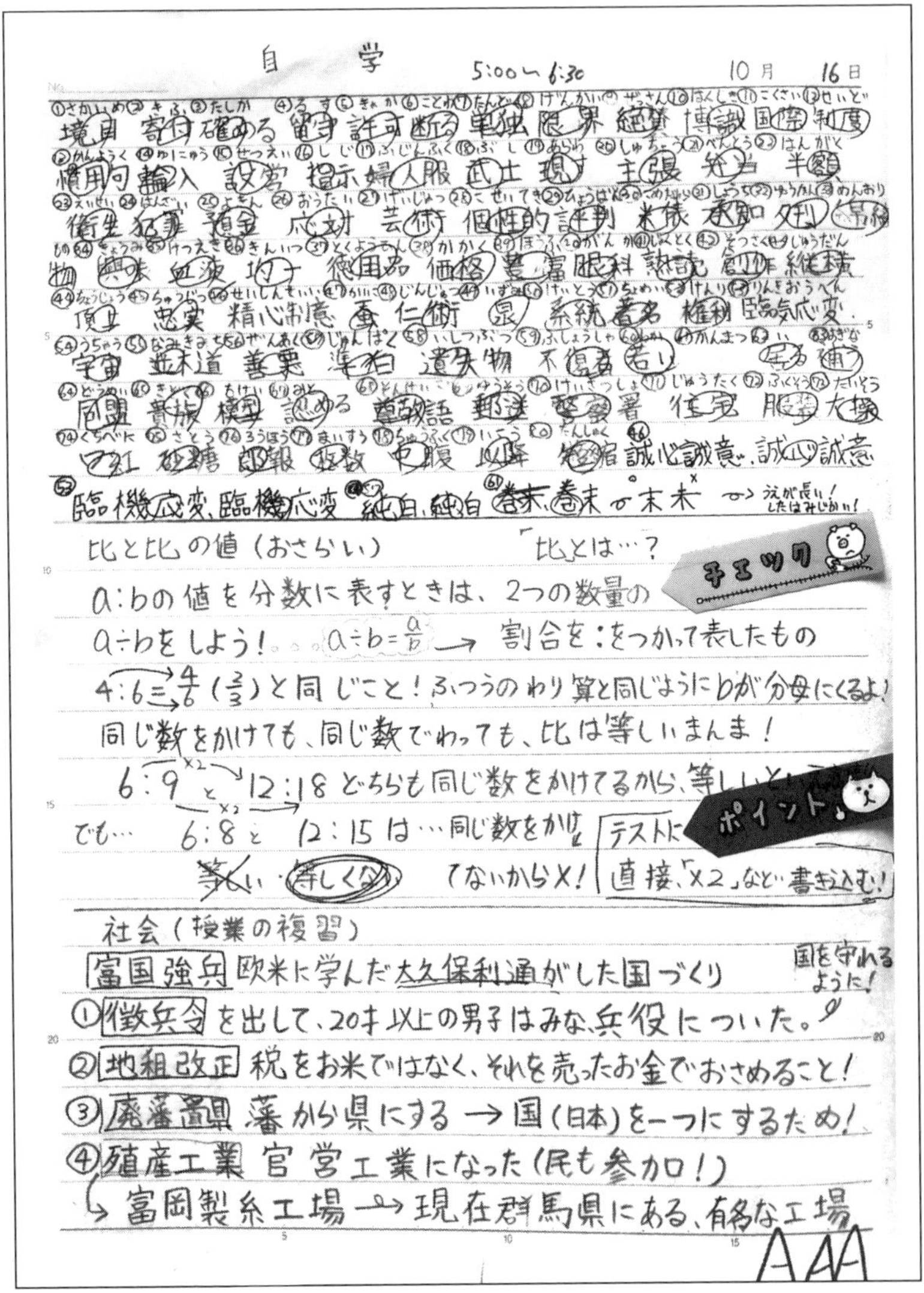
自学　5:00～6:30　10月　16日

①さかいめ ②きふ ③たしか ④るす ⑤きょか ⑥ことわ ⑦たんどく ⑧げんかい ⑨ざっさん ⑩はくしき ⑪こくさい ⑫せいど
境目 寄付 確める 留守 許可 断る 単独 限界 絶賛 博識 国際 制度
⑬かんようく ⑭ゆにゅう ⑮せつえい ⑯しじ ⑰ふじんふく ⑱ぶし ⑲あらわ ⑳しゅちょう ㉑べんとう ㉒はんがく
慣用句 輸入 設営 指示 婦人服 武士 現す 主張 弁当 半額
㉓えいせい ㉔はんざい ㉕よきん ㉖おうたい ㉗げいじゅつ ㉘こせいてき ㉙ひょうばん ㉚こめだわら ㉛しょうち ㉜ゆうかん ㉝めんおりもの
衛生 犯罪 預金 応対 芸術 個性的 評判 米俵 承知 夕刊 綿織物
㉞きょうみ ㉟けつえき ㊱きんいつ ㊲とくようひん ㊳かかく ㊴ほうふ ㊵がんか ㊶じゅくどく ㊷そうさく ㊸じゅうだん
興味 血液 均一 徳用品 価格 豊富 眼科 熟読 創作 縦横
㊹ちょうじょう ㊺ちゅうじつ ㊻せいしんせいい ㊼かいこ ㊽じんじゅつ ㊾いずみ ㊿けいとう 51ちょめい 52けんり 53りんきおうへん
頂上 忠実 精心誠意 蚕 仁術 泉 系統 著名 権利 臨気応変
54うちゅう 55なみきみち 56ぜんあく 57じゅんぱく 58いしつぶつ 59ふしょうしゃ 60わか 61かんまつ 62い 63おぎな
宇宙 並木道 善悪 準白 遺失物 不傷者 若い 居る 補う
64どうめい 65きぞく 66もけい 67みと 68そんけいご 69ゆうそう 70けいさつしょ 71じゅうたく 72ふくそう 73たいそう
同盟 貴族 模型 認める 尊敬語 郵送 警察署 住宅 服装 大操
74くちべに 75さとう 76ろうほう 77まいすう 78ちゅうふく 79いこう 80たんしゅく
口紅 砂糖 朗報 枚数 中腹 以降 短縮 46誠心誠意、誠心誠意
53臨機応変、臨機応変 57純白、純白 61巻末、巻末 の 末 未 → うえが長い！ したはみじかい！

比と比の値（おさらい）　「比」とは…？

チェック

a:bの値を分数に表すときは、２つの数量のa÷bをしよう！　$a \div b = \frac{a}{b}$ → 割合を：をつかって表したもの

$4:6 = \frac{4}{6}\left(\frac{2}{3}\right)$ と同じこと！ふつうのわり算と同じようにbが分母にくるよ！

同じ数をかけても、同じ数でわっても、比は等しいまんま！

6:9 と 12:18（×2）どちらも同じ数をかけてるから、等しい

ポイント

でも… 6:8 と 12:15 は…同じ数をかけてないから×！ 等しい・等しくない

テストに直接「×2」など書き込む！

社会（授業の復習）

富国強兵　欧米に学んだ大久保利通がした国づくり　国を守れるように！

①徴兵令　を出して、20才以上の男子はみな兵役についた。

②地租改正　税をお米ではなく、それを売ったお金でおさめること！

③廃藩置県　藩から県にする → 国（日本）を一つにするため！

④殖産工業　官営工業になった（民も参加！）

→ 富岡製糸工場 → 現在群馬県にある、有名な工場

AAA

習、下段に社会か理科の復習を書き込みます（山中伸之先生の実践追試）。

漢字テスト・算数・理科（社会）に毎日取り組むと、目に見えて成果があらわれ始めます。子どもたちが自主学習の効果を一番実感できるページです。

よって、自主学習に慣れるまでは、基本的に左ページを中心に取り組ませます。

最初の指導では、上段の漢字テストの部分だけを学校で丁寧に書かせます。写真のノートでは50題近くかそれ以上、漢字テストに取り組んでいますが、**はじめは10〜20題程度がちょうどよいでしょう。**漢字テストは「問題を解く↓○をつける↓間違った問題を練習する」のサイクルで行います。

❷右ページ

右ページは好きなことや調べてみたいことを決め、自由に取り組ませます。

次ページの例は、ウミガメの生態を調べた自主学習ですが、それ以降の例のように、取り組む内容は千差万別です。

だからこそ、「何をしたらよいかわからない」という子どもが出てくるので、**子どもたちが自主学習に慣れてくる2か月目あたりから取り組ませると無理がありません。**

4時54分～5時19分

ウミガメの生態

「浦島太郎」にも登場する、なじみ深いウミガメ。
のんびりと泳いで、好きな人も多いのでは？ウミガメは、全部で8種類。（栃木には海がないので）沖縄ではアオウミガメ、アカウミガメ、タイマイの3種類が生息していると言われています。
ひとことにウミガメと言っても、それぞれの特徴があります。
絶滅が危惧されている種も。

沖縄で見られるウミガメとその特徴。

アオウミガメ…絶滅危惧種。甲羅の大きさは80cm～100cm。

他のウミガメと違い、海草を好んで食べます。子供の頃は、カニや、クラゲなども食べます。名前の通りに青い体をしている…わけではないそうです。青いのは「脂肪の色」なんです。

昔から肉や卵は食用や化粧品、薬用などに用いられました。乱獲により、現在は絶滅の危機にさらされています。


アカウミガメ…絶滅危惧種。甲羅の大きさは、70cm～100cm。

カニ、貝などの海底に生息しているものを好んで食べます。名前の通り、赤茶っぽい体の色をしています。

長い距離を泳ぎ、時には太平洋を横断することもあります。

沖縄ちゅら海水族館の標識を付けたアカウミガメが、1万キロ先のアメリカサンディエゴ沖で漁師網に引っ掛かって発見されたという記録があるらしいです

タイマイ…絶滅寸前種。甲羅の大きさ70cm～90cm。

主に海面動物を食し、他にも柔らかいサンゴや藻類、甲殻類を好んで食べます。タイマイは、くちばしの部分が尖っていて、美しいべっ甲柄の甲羅が特長的。見分けがつきやすいウミガメです。

しかし、人にべっ甲柄を狙われて、生息数が減り、輸入禁止になったものの、絶滅寸前種となっています。

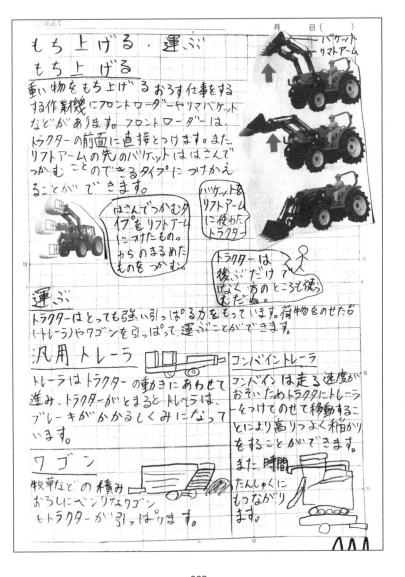

めあて　　　　月　　日(　　)

もち上げる・運ぶ

もち上げる

重い物をもち上げるおろす仕事をするする作業機にフロントローダーやリマバケットなどがあります。フロントローダーは、トラクターの前面に直接とつけます。また、リフトアームの先のバケットははさんでつかむことのできるタイプにつけかえることができます。

はさんでつかむタイプをリフトアームにつけたもの。からのまるめたものをつかむ。

バケットをリフトアームに使ったトラクター

トラクターは運ぶだけでなく高いところも使うんだね。

運ぶ

トラクターはとっても強い引っぱる力をもっています。荷物をのせた台(トレーラ)やワゴンを引っぱって、運ぶことができます。

汎用トレーラ

トレーラはトラクターの動きにあわせて進み、トラクターがとまるとトレーラは、ブレーキがかかるしくみになっています。

ワゴン

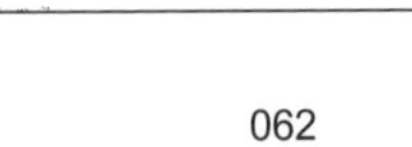

牧草などの積みおろしにべんりなワゴンもトラクターが引っぱります。

コンバイントレーラ

コンバインは走る速度がおそいためトラクタにトレーラーをつけてのせて移動することにより高りつよく稲かりをすることができます。また、時間たんしゅくにもつながります。

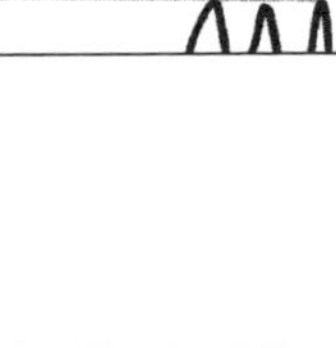

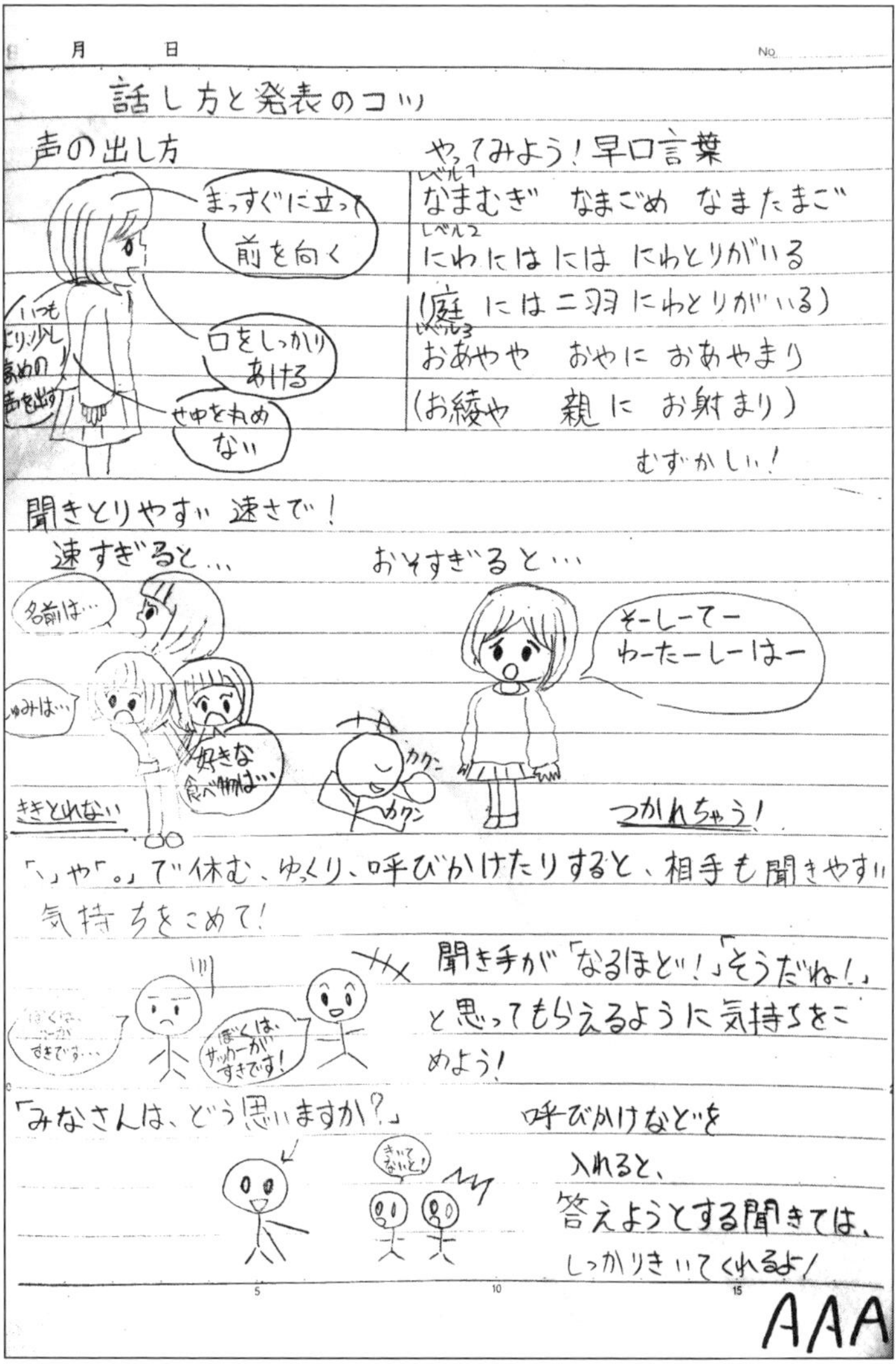
月　日　No.
話し方と発表のコツ
声の出し方
まっすぐに立って前を向く
いつもより少し高めの声を出す
口をしっかりあける
せ中を丸めない
やってみよう！早口言葉
レベル1
なまむぎ　なまごめ　なまたまご
レベル2
にわにはにはにわとりがいる
(庭には二羽にわとりがいる)
レベル3
おあやや　おやに　おあやまり
(お綾や　親に　お謝まり)
むずかしい！
聞きとりやすい速さで！
速すぎると…
名前は…
しゅみは…
好きな食べ物は…
ききとれない
おそすぎると…
そーしーてー
わーたーしーはー
カクン
カクン
つかれちゃう！
「、」や「。」で休む、ゆっくり、呼びかけたりすると、相手も聞きやすい
気持ちをこめて！
ぼくはサッカーがすきです！
聞き手が「なるほど！」「そうだね！」と思ってもらえるように気持ちをこめよう！
「みなさんは、どう思いますか？」
きいてないと！
呼びかけなどを入れると、答えようとする聞きては、しっかりきいてくれるよ！
AAA

アイデア集め

1.都市伝説

テトリス

ブロックをそろえて遊ぶゲーム。とても楽しいですが、実は、おそろしい都市伝説があります。ブロックですが、本の形があり見えない所できりきざまれるのです。一列そろったら消えるのは、じょうぶつするからであるという。

2.けんさくしちゃだめ(してみてもいい)

1「イメケン トラウマ」とけんさくすると、とんでもないヤバイ画ぞうが出てくる。ものすごくこわい。

2「こっちをみつめる女」と調べると、美人な女の人がこっちを見つめる画ぞうがでてくる。しかし、5分間見ると死ぬと有名。テレビでもとり上げられ世界一のろわれている絵とされている。見てもいいけど5分見ないで

3.テレビで見た!!おいしそうなfood!!

1料理の上にチーズをどっさりのせた料理。めっちゃおいしそう!!目の前でのせてくれる。しかし、少しくさいのだそうです。

おいしそう度

2タピオカはふつう黒の黒糖だけれども、カラフルのタピオカ。とても甘い。

おいしそう度

4.友達「[redacted]」のおもしろ発言!!

「[redacted]」がある日お母さんに、「うんとかすんとか言いなさい!!」と言われたそう。するとお父さんと[redacted]が同時で、「すん」と言ったという。以上、すーのおもしろ発言でした。

5.友達[redacted]ちゃん」おもしろ発言!!行動!!

ある日校庭におくれた[redacted]に[redacted]ちゃんが、「うえーん」とないた。心配して声をかけたら「にこー」といってスマイルをしていた。おれは、おもしろかった

6.好きなアイドル!!

私は、TWICEというグループが好きだ。その中でもモモという子が好きだ。その子は、TWICEになるためのしんさで一度不合格でだっらくしてしまった。しかし、モモの努力で、その夢がかなった。ももはこう言う。

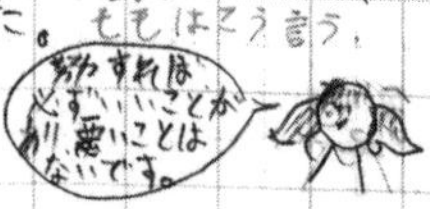

7、好きなロゴ

私は、好きなロゴがある。主に、スポーツ用品のロゴや服のロゴなどだ。

1. 2. 3. 4. 5、STÜSSY

6、 7.FILA 8.TWICE 9.BT21 AAA

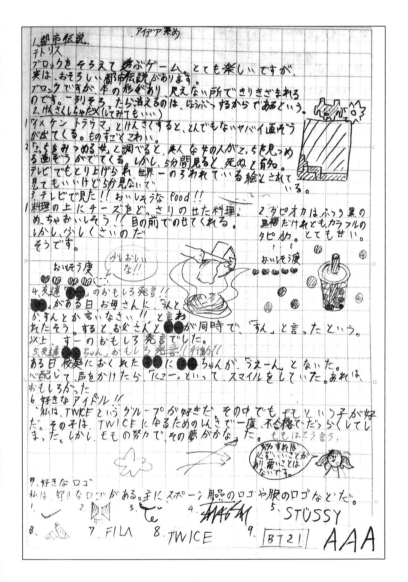

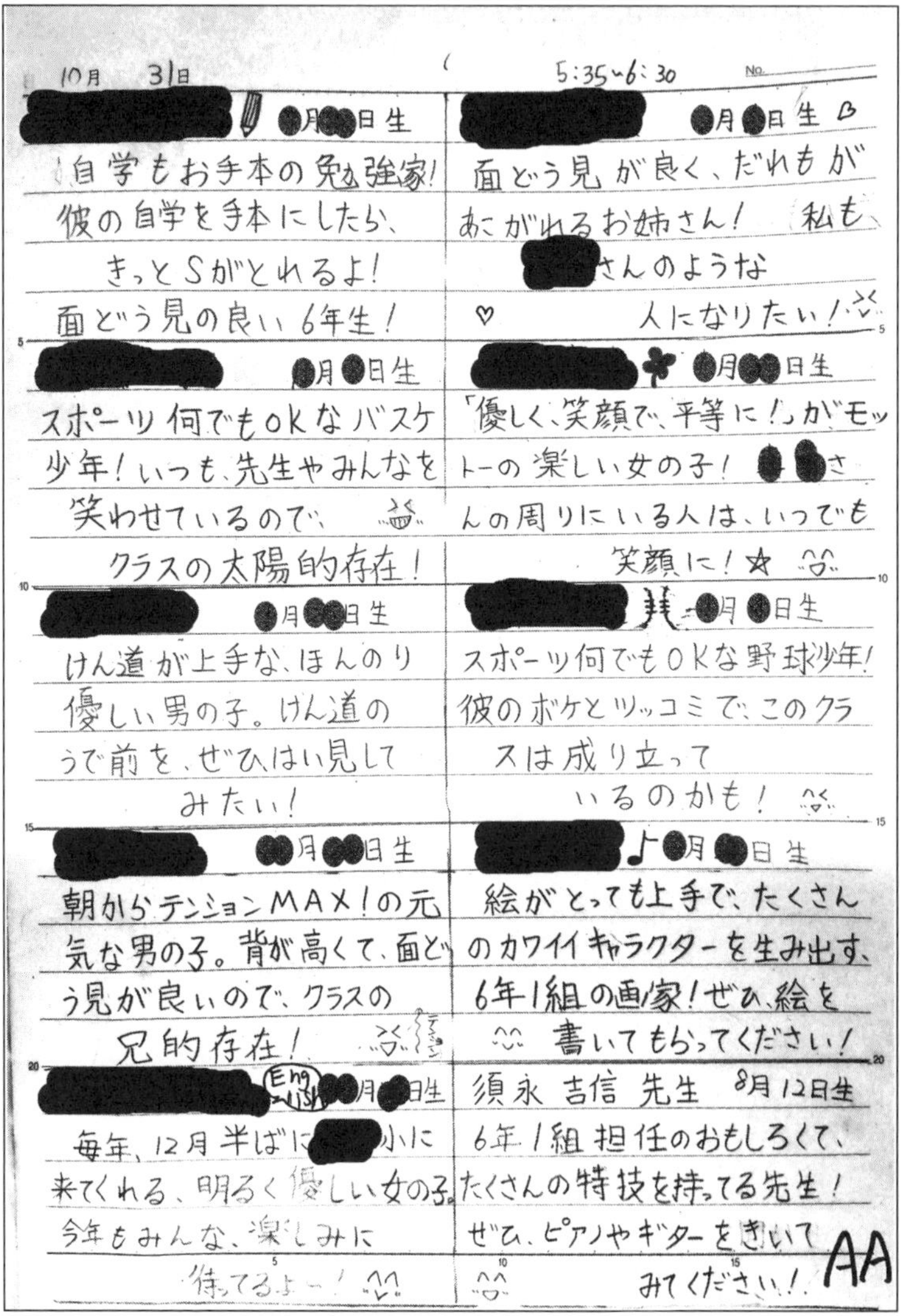

10月 31日　5:35~6:30　No.

[redacted] [redacted]月[redacted]日生
自学もお手本の勉強家! 彼の自学を手本にしたら、きっとSがとれるよ! 面どう見の良い6年生!

[redacted] [redacted]月[redacted]日生
スポーツ何でもOKなバスケ少年! いつも、先生やみんなを笑わせているので、クラスの太陽的存在!

[redacted] [redacted]月[redacted]日生
けん道が上手な、ほんのり優しい男の子。けん道のうで前を、ぜひはい見してみたい!

[redacted] [redacted]月[redacted]日生
朝からテンションMAX!の元気な男の子。背が高くて、面どう見が良いので、クラスの兄的存在! テンション

[redacted] English [redacted]月[redacted]日生
毎年、12月半ばに[redacted]小に来てくれる、明るく優しい女の子。今年もみんな、楽しみに待ってるよ~!

[redacted] [redacted]月[redacted]日生
面どう見が良く、だれもがあこがれるお姉さん! 私も、[redacted]さんのような人になりたい!

[redacted] [redacted]月[redacted]日生
「優しく、笑顔で、平等に!」がモットーの楽しい女の子! [redacted]さんの周りにいる人は、いつでも笑顔に!☆

[redacted] [redacted]月[redacted]日生
スポーツ何でもOKな野球少年! 彼のボケとツッコミで、このクラスは成り立っているのかも!

[redacted] [redacted]月[redacted]日生
絵がとっても上手で、たくさんのカワイイキャラクターを生み出す、6年1組の画家! ぜひ、絵を書いてもらってください!

須永 吉信 先生 8月12日生
6年1組担任のおもしろくて、たくさんの特技を持ってる先生! ぜひ、ピアノやギターをきいてみてください!

AA

今日のめあて　　　　　　　　　　　　　　月　　日(　　　)

好きなアイス「ザ・クレープ」

ぼくはクレープが大好きです。クレープのきじにアイスがつつんであります。バニラの中にくだいたチョコが入っています。クレープのもちもち感にアイスのつめたいところがおいしいです。

こんな感じ

[redacted]地区のしょうかい

神社と寺がある。中にはごしゅいんをもらうことのできる神社がある。また、古ふんがある。広い田んぼ地帯で稲作がさかん。明治6年から残る小学校がある。また、昔から残る店が一けんだけある。麦や大豆を作る農家もいる。なつみず田んぼやふゆみずたんぼがあり、渡り鳥が多くやって来る。近くには、[redacted]がある。また、小学校には田んぼがあり、田植えや稲かりをする。[redacted]の5つの地区に分けられている。地区ごとによりすもうをやったりする。

犬のしょうかい　名前「ミルク」

ぼくが犬がほしくて飼ってもらいました。家にきたころはけがまっしろで耳はたれていました。成長するうちに茶色がでてきました。そして、背中には茶色の筋がでてきました。

特ちょう

・5時の小山市歌でほえていっしょに歌う
・ご飯は早ぐいをする
散歩に行くのが好きで散歩といっただけでよろこぶ
・雨がきらいで小屋に最初は入っていてもでてきて家に入れてと、ずっとほえている。
・夏にプールに入るのが好き。いっしょにシャンプーをする
・おやつをもらうとよろこぶ
・ひもをふりまわして遊んでいるととれないところにとんでいく

遠足で行きたいところ

・日光・軽い沢・宇都宮・那須・京都・東京・川ごえ・箱根・小田原・金沢・新潟・山形・秋田・青森・北海道・岩手・宮城・福島・茨城・群馬・さいたま・千葉・ディズニーランド・シー・大坂・沖縄・福岡・広島・岡山・和歌山・三重・滋賀・奈良・山口・兵庫・大分

AA

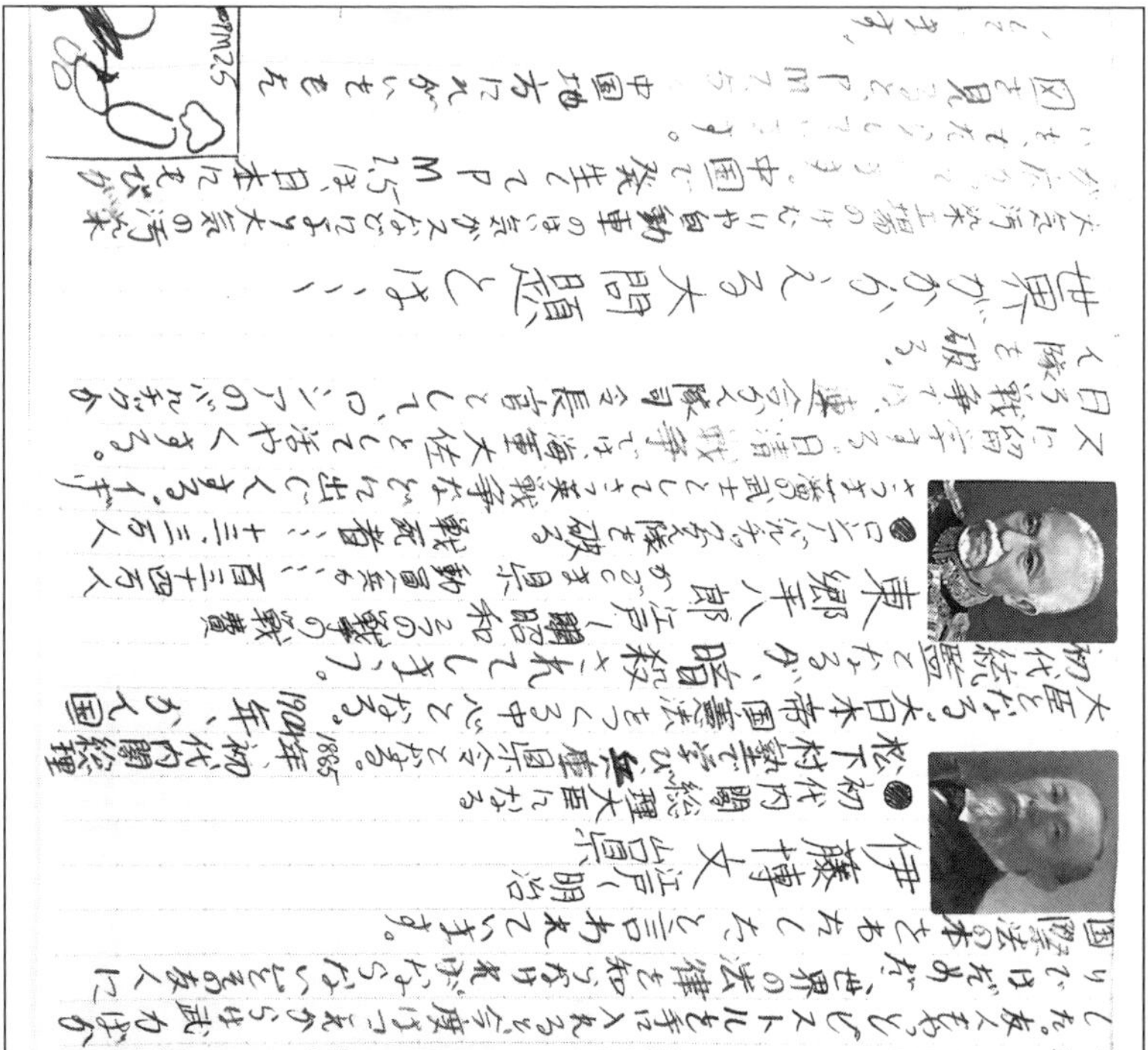

見開きによる視覚効果が働くからか、**左ページを丁寧に書けるようになると、自然と右ページも丁寧に取り組むようになります。**

左ページにしっかり取り組めるようになれば、もう十分ノートを書く力はついています。右ページは（書くネタさえあれば）特に指導をしなくても大丈夫です。子どもたちに任せましょう。

なお、「ネタが見つからない！」という子には、「偏愛マップ」がおすすめです。斉藤孝氏が考案したコミュニケーションツールですが、自分を知るうえでも効果的です。インターネット上でも概要を知ることができるので、ぜひ調べてみてください。

また、本章でも自主学習のちょっとしたアイデアやアイデアを集める方法に触れた項が後ほど出てくるので、ご参照いただければ幸いです。

さて、私が考える自主学習の目的を「独習の方法を身につけさせるため」と先に書きました。

そのことを踏まえた「左ページ（基礎基本）＋右ページ（発展応用）の見開き」という基本構成なわけですが、自主学習の目的を子どもたちに考えさせると、「この構成では自分の目的に合わない」という子もいるかもしれません。その場合には、個別に相談し、やり方を検討します。

ただし、繰り返しになりますが、**はじめのうちは基礎基本の定着を主眼として、決められた課題にしっかり取り組むことが重要**です。

自由な取組は基礎基本が定着した後に挑戦しても遅くはないので、今子どもに必要なことを見極めて指導することを心がけましょう。

学習にかかった時間を記録させる

自主学習には必ず「日付」と「時間」を書かせます。

特に大切なのが「時間」です。

次ページとその次のページのノートの上部をご覧ください。

ページごとに取り組んだ時間が書かれています。左ページ学習が4時10分から始まり、右ページの学習が5時20分に終わったことがわかります。

一般的に、家庭学習は「学年×10分+10分」と言われますから、（この子は当時6年生だったので）ちょうどよい学習時間と言えます。もし、計算ドリルなどの別の宿題を出す場合には、自主学習の量を調整しなくてはなりません。

稀に、内容に対して取組の時間があまりにも長いことがあります。そういうときは取り組み方に問題がある場合が少なくありません。

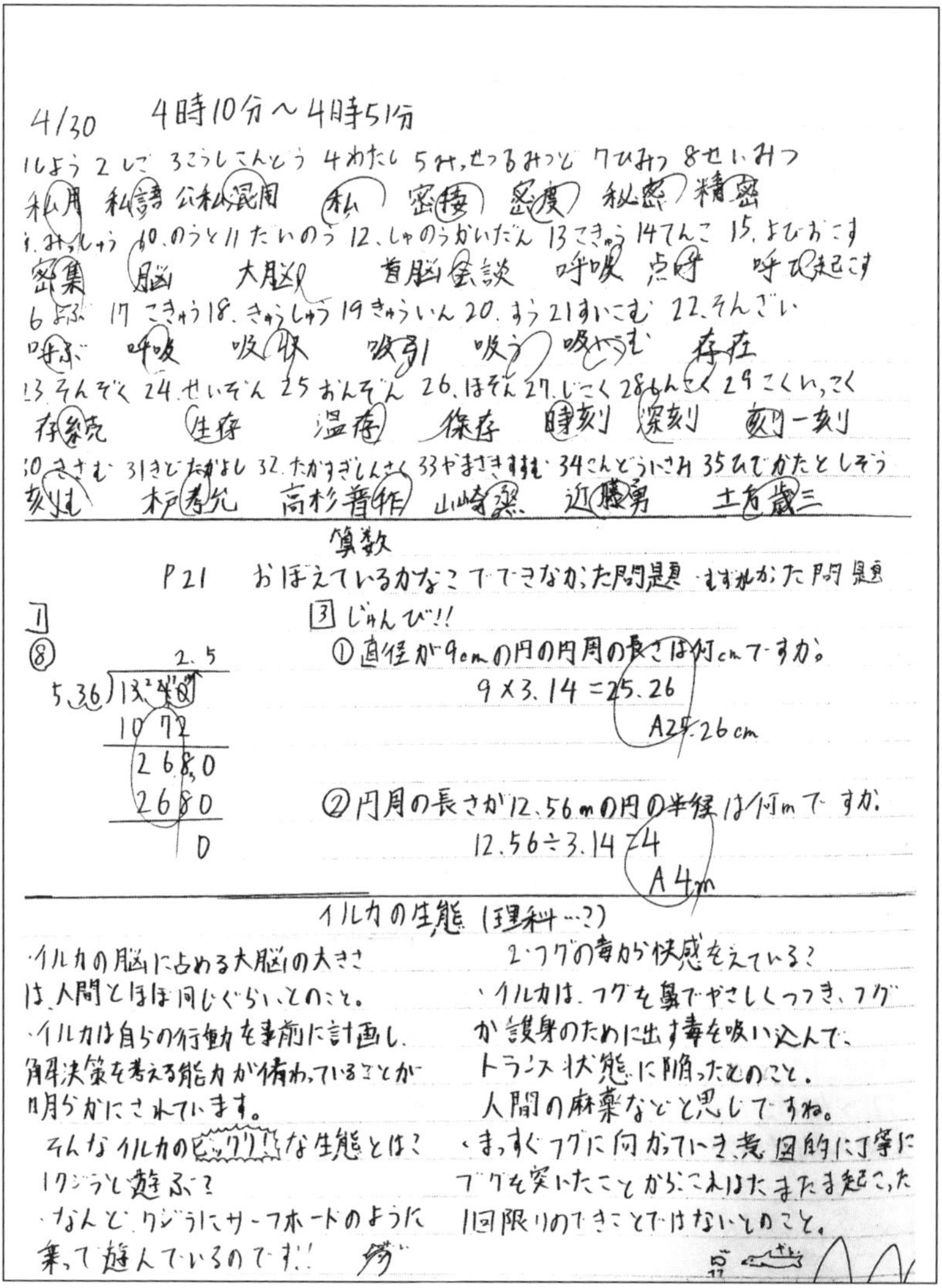
4/30　4時10分～4時51分

1しよう 2しご 3こうしこんどう 4わたし 5みっせつ 6みつど 7ひみつ 8せいみつ
私用 私語 公私混同 私 密接 密度 秘密 精密
9.みっしゅう 10.のう 11.だいのう 12.しゅのうかいだん 13.こきゅう 14.てんこ 15.よびおこす
密集 脳 大脳 首脳会談 呼吸 点呼 呼び起こす
16.よぶ 17.こきゅう 18.きゅうしゅう 19.きゅういん 20.すう 21.すいこむ 22.そんざい
呼ぶ 呼吸 吸収 吸引 吸う 吸いこむ 存在
23.そんぞく 24.せいぞん 25.おんぞん 26.ほぞん 27.じこく 28.しんこく 29.こくいっこく
存続 生存 温存 保存 時刻 深刻 刻一刻
30.きざむ 31.きどたかよし 32.たかすぎしんさく 33.やまざきすすむ 34.こんどういさみ 35.ひじかたとしぞう
刻む 木戸孝允 高杉晋作 山崎烝 近藤勇 土方歳三

算数

P21　おぼえているかなここでできなかった問題・むずかしかった問題

1
⑧
2.5
5.36)13.40
10 72
2 68 0
2 68 0
0

3 じゅんび!!
①直径が9cmの円の円周の長さは何cmですか。
9×3.14=25.26
A25.26cm

②円周の長さが12.56mの円の半径は何mですか。
12.56÷3.14=4
A4m

イルカの生態（理科…?）

・イルカの脳に占める大脳の大きさは、人間とほぼ同じぐらいとのこと。
・イルカは自らの行動を事前に計画し、解決策を考える能力が備わっていることが明らかにされています。
そんなイルカのビックリ!!な生態とは?
1クジラと遊ぶ?
・なんと、クジラにサーフボードのように乗って遊んでいるのです!!

2フグの毒から快感をえている?
・イルカは、フグを鼻でやさしくつつき、フグが護身のために出す毒を吸い込んで、トランス状態に陥ったとのこと。
人間の麻薬などと同じですね。
・まっすぐフグに向かっていき、意図的に丁寧にフグを突いたことからこれはたまたま起こった1回限りのできごとではないとのこと。

4時52分〜5時20分

えーっと、左ページでは、おさまりきらなかったので、
イルカの生態(理科…?) パート2!!

3・イルカ同士でも、いじめやリンチがある!?

・イルカが何らかのストレスや不安を感じた時や抱えた時は同種間や小型のイルカをいじめることがあります。

・小さな同種のイルカや弱ったものを集団で噛み付くなどして、殺すなどの集団的な暴行行為も行います。

「イルカは、癒し系」のイメージがくずれていきます…。

4・イルカが船の後ろを泳ぐのって、なんで…!?

・船が外洋にくると、イルカが後を追かけてくる話をよく聞きますが、この行動は別に、船に乗っている人に挨拶に来るわけではありません。

・船が起こした波を利用して、移動エネルギーを節約しているのです。

・イルカは自力で大海を泳いでいるときより、船の後ろを泳にでいるときの方が、呼吸数が少なくて済んでいるといいます。

5・自殺するイルカもいる!?

・イルカの呼吸は、人間と違って意識的に行なうものであるため、イルカが自ら息をしないことを選んで死ぬこともあります。

・イルカが水中に顔を沈み続け、自ら呼吸を止めることで自殺した例もあり、チンパンジーなども親や兄妹の死に直面し、自ら死ぬこともあるそうです。

ますます人間らしいです…。

イルカって
あんがいこわい
生き物だ

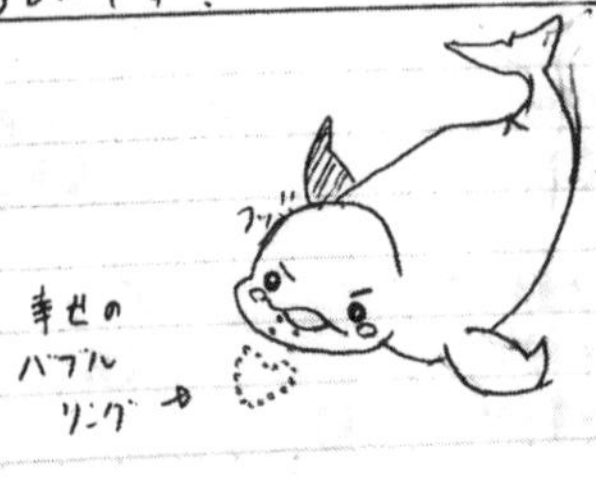

白イルカ
別名
ベルーガ

AAA

取り組み方の問題とは、具体的に言うと、「テレビを見ながら（他のことをしながら）やっている」「少しやっては休けいしている」といったことです。

こういった取り組み方では当然力はつかないので、**内容に対して取組の時間があまりにも長いと感じたら、個別に指導します。**

しかし中には、真剣に取り組んでも長く時間がかかる子どももいます。事前に学校で取り組ませるのは、このようなあまりにもゆっくりと丁寧に進める子を見つけるためでもあります。そういった子どもに対しては、**量を調節するなどの対応が必要**です。

定期的な「振り返り」で成長を実感させる

前項で述べた通り、「時間」はその日の取組の適否を判断するのに役立ちます。

一方、「日付」は、もう少し長いスパンで取組を評価するのに役立ちます。すなわち、「1か月取り組んでみて、どのぐらい進歩（成長）したか」といったことを判断するうえで、日付があると便利であるということです。

次ページのノートは自主学習が軌道に乗り始めた5月当初のノートです。

その次のページは9月のノートです。

比べてみると、成長の程がひと目でわかります。

正しい方法でコツコツ続けていけば、確実に伸びていきますが、人間は意外と自分自身の成長には鈍感です。ですから、**1か月単位、できれば1週間単位で振り返りを行い、どれだけ自分の学びが成長したのかを、自分自身で確認する時間を取ってください。**

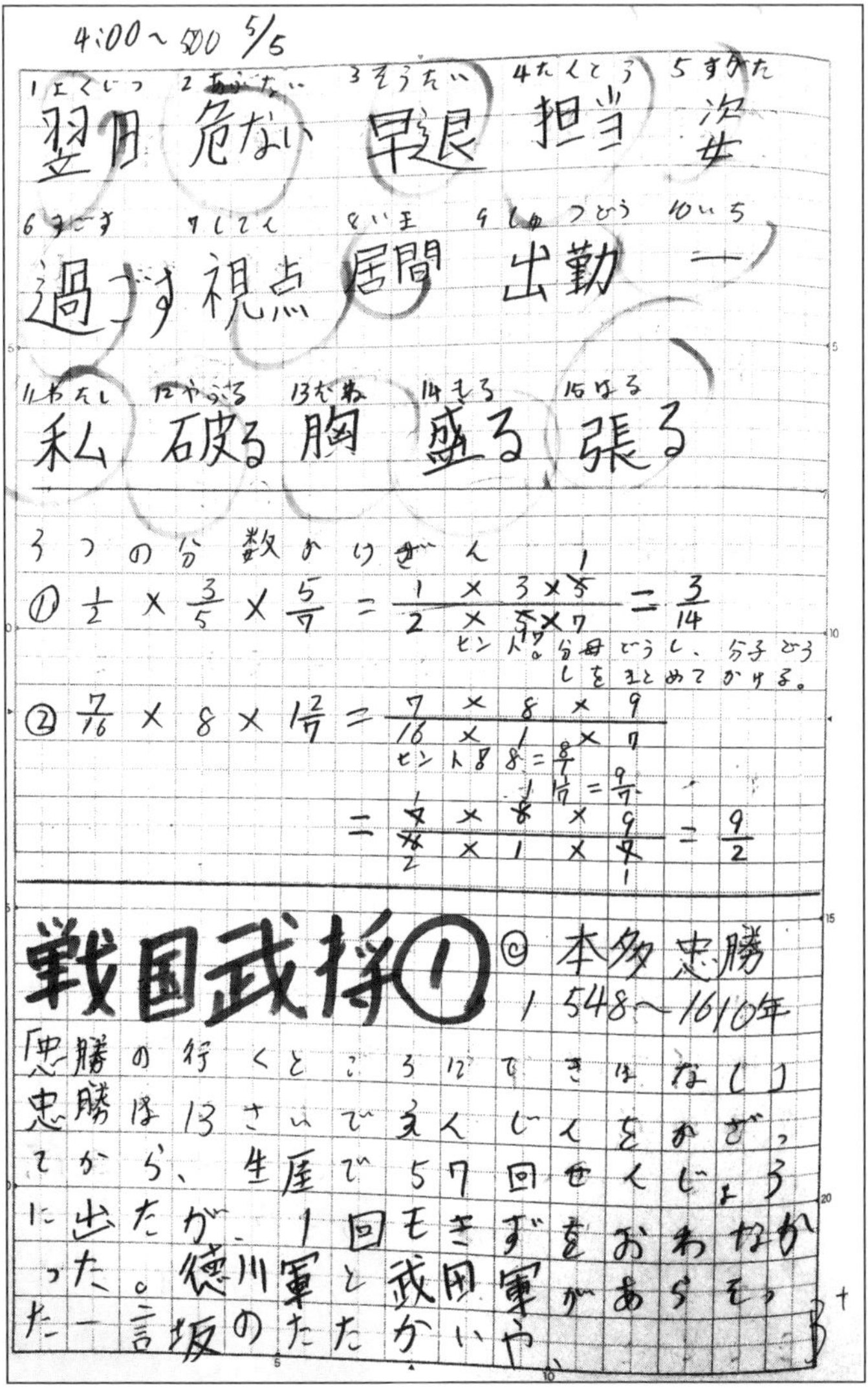

4:00〜5:00 5/5

1 翌日《よくじつ》 2 危《あぶ》ない 3 早退《そうたい》 4 担当《たんとう》 5 姿《すがた》

6 過《す》ごす 7 視点《してん》 8 居間《いま》 9 出勤《しゅつどう》 10 一《いち》

11 私《わたし》 12 破《やぶ》る 13 胸《むね》 14 盛《も》る 15 張《は》る

3つの分数かけざん

① $\frac{1}{2} \times \frac{3}{5} \times \frac{5}{7} = \frac{1 \times 3 \times 5}{2 \times 5 \times 7} = \frac{3}{14}$

ヒント。分母どうし、分子どうしをまとめてかける。

② $\frac{7}{16} \times 8 \times 1\frac{2}{7} = \frac{7 \times 8 \times 9}{16 \times 1 \times 7}$

ヒント $8 = \frac{8}{1}$　$1\frac{2}{7} = \frac{9}{7}$

$= \frac{7 \times 8 \times 9}{16 \times 1 \times 7} = \frac{9}{2}$

戦国武将① © 本多忠勝 1548〜1610年

「忠勝の行くところにできはなし」

忠勝は13さいでえんじんをかざってから、生涯で57回せんじょうに出たが、1回もきずをおわなかった。徳川軍と武田軍があらそった一言坂のたたかいや、

9/18 9:16〜10:46　　1

①熟語 ②似る ③創造 ④縦横 ⑤山頂 ⑥先頭 ⑦忠誠 ⑧岩石
⑨資本家 ⑩ ⑪温泉 ⑫高性能 ⑬未解決 ⑭臨時 ⑮
⑯非常識 ⑰銀河系 ⑱著作権 ⑲ ⑳ ㉑ ㉒
㉓ ㉔ ㉕移動 ㉖快適 ㉗非常 ㉘ ㉙ ㉚破損
㉛ ㉜ ㉝ ㉞正義 ㉟退院 ㊱感謝 ㊲再会 ㊳口紅
㊴ ㊵ ㊶ ㊷ ㊸ ㊹評価 ㊺ ㊻ ㊼
㊽ ㊾ ㊿ 51放射線 52原因 53 54
55 56制度 57保護 58規模 59決める 60複数 61提案 62
63 64報道 65 66 67 68 69指導 70

問題をたくさんやろう。
① 考え方1 $90 \times \frac{2}{3} = 60$ 考え方2 兄のおこずかいをx円にする。
$5:4 = x:800$ $x = 1000$ 1000円
xの数を求めよう
① $18:8 = x:4$ $x=9$ ② $4:3 = x:18$ $x=24$ ③ $3:7=120:x$ $x=280$
④ $1.3:1=13:x$ $x=10$ ⑤ $1.5:4=3:x$ $x=8$ ⑥ $8:1.6=x:1$ $x=5$
☆比をかんたんにしよう。
⑤ $2:4=1:2$ ⑨ $12:20=3:5$ ⑬ $18:48=3:8$
⑥ $4:6=2:3$ ⑩ $32:8=4:1$ ⑭ $36:28=9:7$
⑦ $12:15=4:5$ ⑪ $21:14=3:2$ ⑮ $8:3.5=16:7$
⑧ $20:8=5:2$ ⑫ $35:20=7:4$ ⑯ $4:3.8=20:19$

（ペリー）江戸時代 アメリカ
◎まず、ペリーは何をしたのか予想する。
ペリーはザビエルのように外国からさまざまな知しきを日本人にたくさんつたえたと思う。
◎日本を開国させる
アメリカの海軍に入隊後、1852年、東インドかんたいの司令長官となる。大統領から命じられ1853年軍かん4せきをひきいて来日した。
◎ペリーは何をしたのか。
日米和しん条約をつくった。

ペリーが来たときは、日本人の人々はせんそうがおきると思っていた。

AAA

「がんばって続けていれば、力がついていくんだな」

と子ども自身に気づかせることは、自主学習の指導において教師が果たすべき重要な役割です。

振り返りは、簡単でよいので、**よい点と改善すべき点を具体的にノートに箇条書きさせます。**

改善すべき点の中から、これからがんばって取り組みたいことを決めて、個人目標を立てさせるのもよいでしょう。

慣れてきたら、「びっしり埋める」感覚を身につけさせる

次ページの写真は、左ページ中段の算数の復習です。

ノートの3分の1の中に、かなりの情報が書き込まれているのがわかります。

式と答え以外にも、「ポイント」や2つの「図」があり、とても詳しい内容になっています。

慣れてきたら、このように「びっしり埋める」ことを子どもたちに意識させるようにします。

「びっしり埋める」となると、問題を解くだけでは足りません。**子どもたちは自然と解説やポイントを書き込むようになります。**

この解説やポイントは、学習を進めるうえで非常に重要です。例えば、算数の文章題を解いて間違ったとき、答えに×をつけ、正しい答えを書くだけでは力はつきません。間違

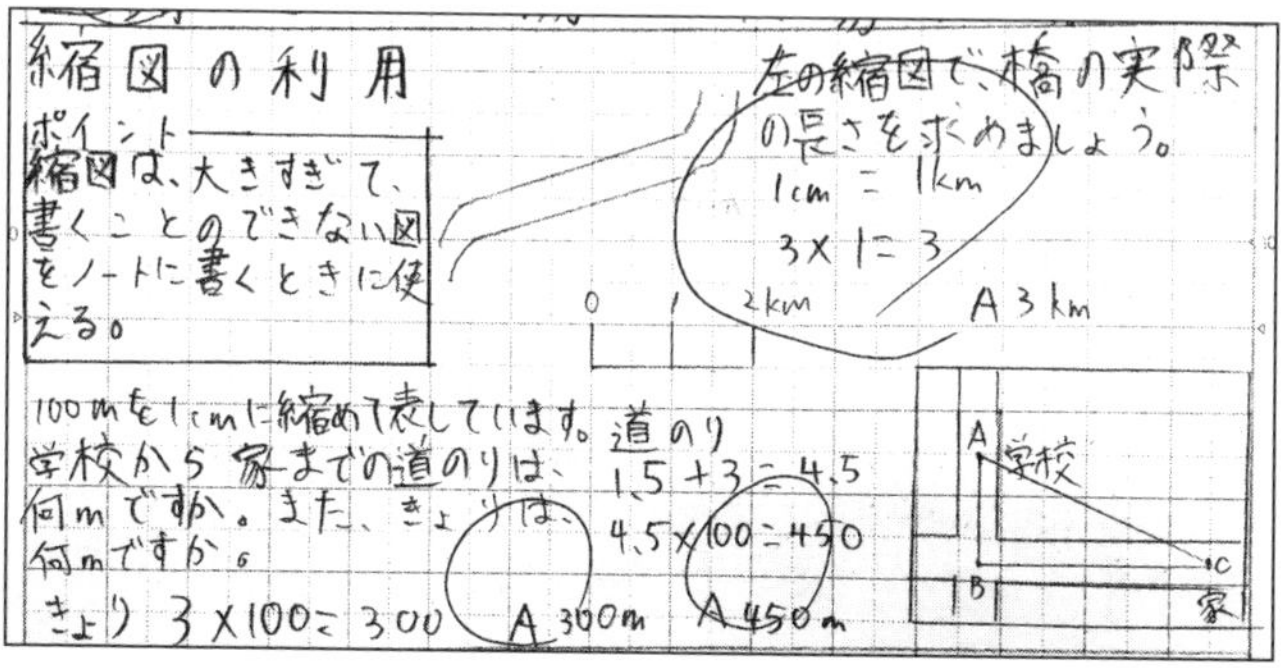

った問題に対して、どうして間違ったのか、どこがわからなかったのかを十分に理解して、はじめて「次からはできそうだ」という手応えを覚えます。**重要なのは、問題を解くプロセスを振り返ること**なのです。

「びっしり埋める」ことを意識すると、子どもたちは自然とそのプロセスを書くようになります（もちろん、書くように助言もします）。

プロセスが大切なのは、算数だけではありません。

例えば、漢字テストなども、どうして間違ったのか、どこに気をつけたらよいのかを余白に書くと、記憶の定着につながります。

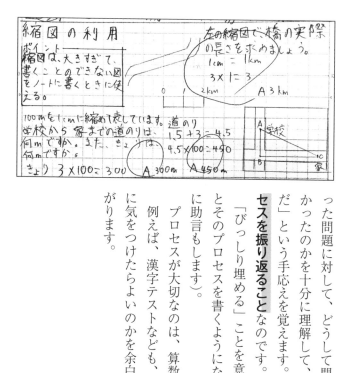

軌道に乗ってきてから評価をする

自主学習を評価するかどうかは難しい問題です。評価をしない、シール等で対応する、などとあらかじめ学校、学年で決められている場合もあります。

私自身は、自主学習の評価を肯定的に捉えています。評価することによって、自分がどれだけできているのか判断する材料になりますし、励みにもなります。

評価で一番大切なのは、**評価基準を明確にすること**です。間違っても「(なんとなく)よくできてるな」といった感覚的な判断で行ってはいけません。また、過剰な評価で子どもたちを釣ることがないよう、子どもたちにもあらかじめ評価基準を明示しましょう。

評価基準の例

・日付、時間が書かれているか

・丁寧に書けているか
・すき間がないか（あり過ぎないか）
・漢字テストを20問以上やれているか
・算数でポイントや解説が書かれているか
・理科（社会）で図やイラスト等の工夫があるか

私は「C」「B」「A」「AA」「AAA」の5段階で評価します。5つ以上満たしていれば「AAA」、4つは「AA」、3つは「A」、2つは「B」、1つは「C」です（「C」はやり直しなので、あらかじめ伝えておきます）。

なお、評価は自主学習がある程度軌道に乗ってきてから始めます。なぜかというと、初期の段階で「A」以上を取れる子はごくわずかなのに、がんばっている様子を見ると、ついつい高評価をつけたくなるからです。しかし、**「A」を一度つけたら、それをなかなか「B」に下げることはできません。**最悪、内容はいま一つでも、今後ずっと「A」をつけ続けざるを得ないことになりかねません。それでは子どもたちのためにならないので、評価は子どもたちのノートがある程度高まってから、様子を見て行うべきです。

「お楽しみ」的な要素を取り入れる

子どもたちが自主学習のよさを実感するまでには時間がかかります。はじめの数週間から1か月は、我慢のときです。

そんな時期に何か「お楽しみ」的な要素があると、楽しく取り組めます。「お楽しみ」だけが楽しみになったら本末転倒ですが、こういう**「お楽しみ」的な要素で自主学習にハマる子がいるのも事実**です。宿題に楽しく取り組む姿を見れば、保護者の方も安心するはずです。

私は、次ページのような「テトリスカード」（山中伸之先生の実践追試）を配付します。自主学習の評価で「A」の数だけブロックを落とすことができます。左ページで「AA」、右ページで「AAA」を取っている子がいたとしたら、その子は5つブロックを落とすことができます。

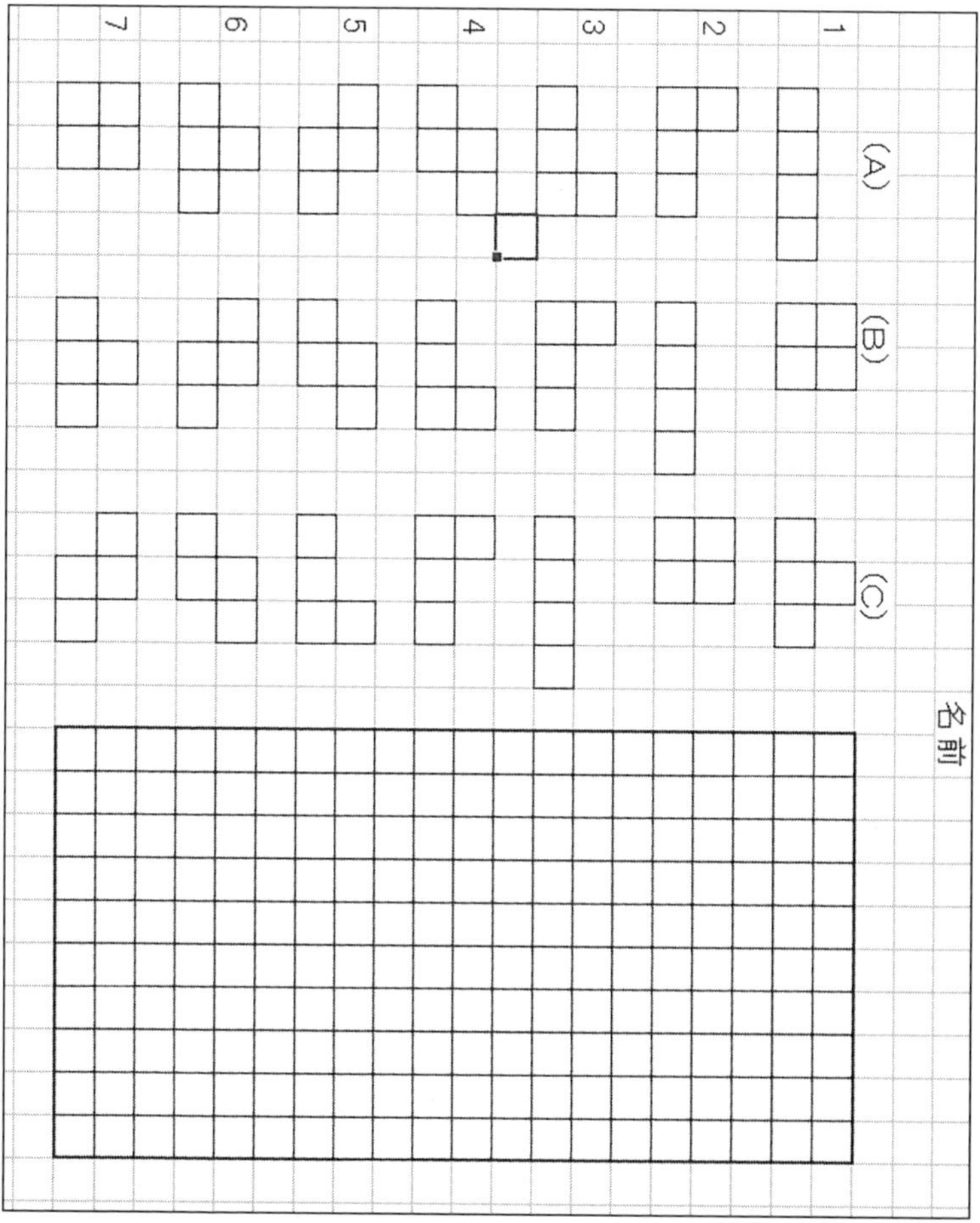
1
2
3
4
5
6
7
(A)
(B)
(C)
名前

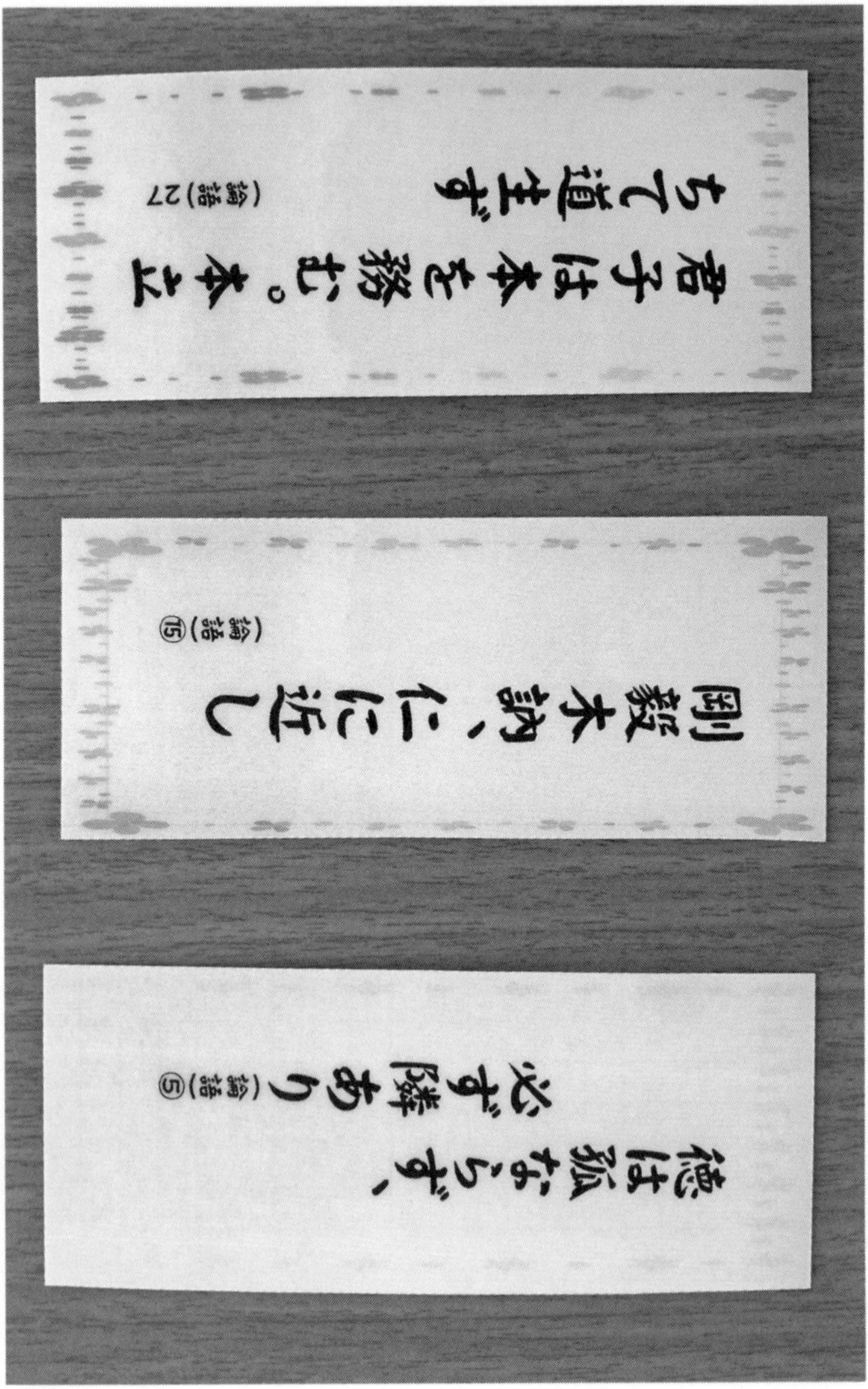
徳は孤ならず、必ず隣あり
（論語）⑤
剛毅木訥、仁に近し
（論語）⑮
君子は本を務む。本立ちて道生ず
（論語）27

帰りの会で、私が１〜７までのカードをランダムに引きます。

私の引いたカードの順が、４↓５↓３↓２↓１↓７↓６だったとします。

この場合、「Ａ」が５つの子は、テトリスカードの左端の４、５、３、２、１の列の（Ａ）、（Ｂ）、（Ｃ）の中から、好きなブロックを選んで落とすことができます。

１列そろったら、写真のようなお手製の名言カード（山中伸之先生の実践追試）をもらうことができます。

なお、これらはあくまで「お楽しみ」的な要素なので、子どもたちの実態に応じて行う必要があります。やはり評価やもので釣ることがないよう注意が必要です。

正しく指導ができていれば、子どもたちのほとんどはやがてカードやシールをもらいに来なくなります。自主学習本来のよさに気づいてくるからです。

もちろん、３学期の最後までカードやシールをもらいに来てもよいのですが、それらがなくなったら自主学習に取り組めなくなるのだとしたら、改善が必要です。

教科学習の底上げを図る

「苦手な教科を克服してほしい」

「より授業で手応えを感じてほしい」

といった思いから、自主学習で国語、算数、理科、社会等の教科学習に重点を置いて取り組む学級があります。

しかし、思ったほどの成果が出ない…と悩むことが多いようです。

私自身も、自主学習で子どもたちに成果を実感させることができるようになるまでには、紆余曲折がありました。

そこでここでは、**教科学習の底上げを図り、教師も子どもも手応えを感じられるような取組のヒント**をご紹介します。

第１章
１学期
一年間無理なく続けるための「足場」を固める

❶国語

これまでに述べてきたとおり、漢字テストは毎日取り組ませます。

また、カリキュラム上、通常の国語の授業ではあまり作文を書かないので、自主学習で定期的に取り組ませると力がつきます。そのとき、子どもたちが書きやすい課題を用意すると取り組みやすくなります。私のおすすめは「もしも作文」です。

❷算数

先述の通り、算数のポイントは「解説」です。間違った問題に×をつけ、正しい答えを書くだけではその問題をできるようになったとは言えません。なぜ間違ったのか、どこがポイントなのか、詳しい解説を書かせるようにしましょう。

授業で間違った問題に取り組ませるようにすると、復習としても効果的です。

次ページのノートのように、テスト勉強に取り組ませるのもよいでしょう。テストの平均点が明らかに違ってきます。

6/20　算テスト勉強　4時56分〜5時56分

①線対称

対称の軸…両側の部分がぴったり重なる図形を線対称な図形。また、その中心を対称の軸と言う。

点対称…1つの点のまわりに、180°回転させ、もとのかたちにぴったり合う図形。この中心を、対称の中心と言う。

②xとyの式

xとyの関係

いままで使っていた□がxにあたる。例えば、1個120円のなしをx個かった時の代金、などのことを表す。

今まで使っていた○(答え)がyにあたる。例えば、4×x=yのように、つかう。

また、2つの数量を1つの式に表す時につかう。

③工夫して計算する

例えば $\frac{1}{2}\times\frac{3}{4}+\frac{2}{3}\times\frac{3}{4}$ は、$(\frac{1}{2}+\frac{2}{3})\times\frac{4}{3}$ にできるように。

工夫して、答えを求めること(そのままか…)

④答えが□(1や2)よりも、小さくなる計算

例えば、1より少なくなるとすると、$\frac{3}{4}\times\frac{1}{4}=\frac{3}{8}$ などになる。分数なくて表すと、分子が分母より小さな数どうしで計算すると、($\frac{7}{8}\times\frac{3}{8}=\frac{21}{64}$)などと、1より小さくなる。

⑤分数のかけ算・わり算

分数のかけ算は、分母どうし、分子どうしでかけ算をする。約分できたら、約分する。

わり算は、かけ算とおなじように、分母、分子どうしで割り算をする。帯分数は仮分数にして計算する。

[16] 線対称の図形を書く。

左のような図形があるとしたら
対称となる所を、線で結び、(ちょくせん)
点をうっていって、それを線で
むすぶと、線対称な図形を
描くことができる。

[17] 円の面積の求め方
次の公式で求めるよ
半径×半径×円周率
直径しか書いていないときは、÷2する。
例えば… 5×5×3.14 になる。

うら

[11] 分数のかけ算とわり算の文章だい
[12] 基本的には[13]と同じ。しかし、〜をもととするとなど書いてあれば、(1とすると)などに気をつける。

雑。

[13] xを使ったかけ算
[12]と[15]と同じ。例えば、x×$\frac{2}{7}$=4…
ということになる。

[14] 図形の面積をxとして
[12]と[11]をくみあわせたかんじ。

[15]  の求め方
まず、大きな円の面積を求める。(÷2もわすれずに)
そして、その下の小さな円2つを求める。(÷2もわすれずに)
小さな円の面積をあわせて、大きな円の面積からひく。

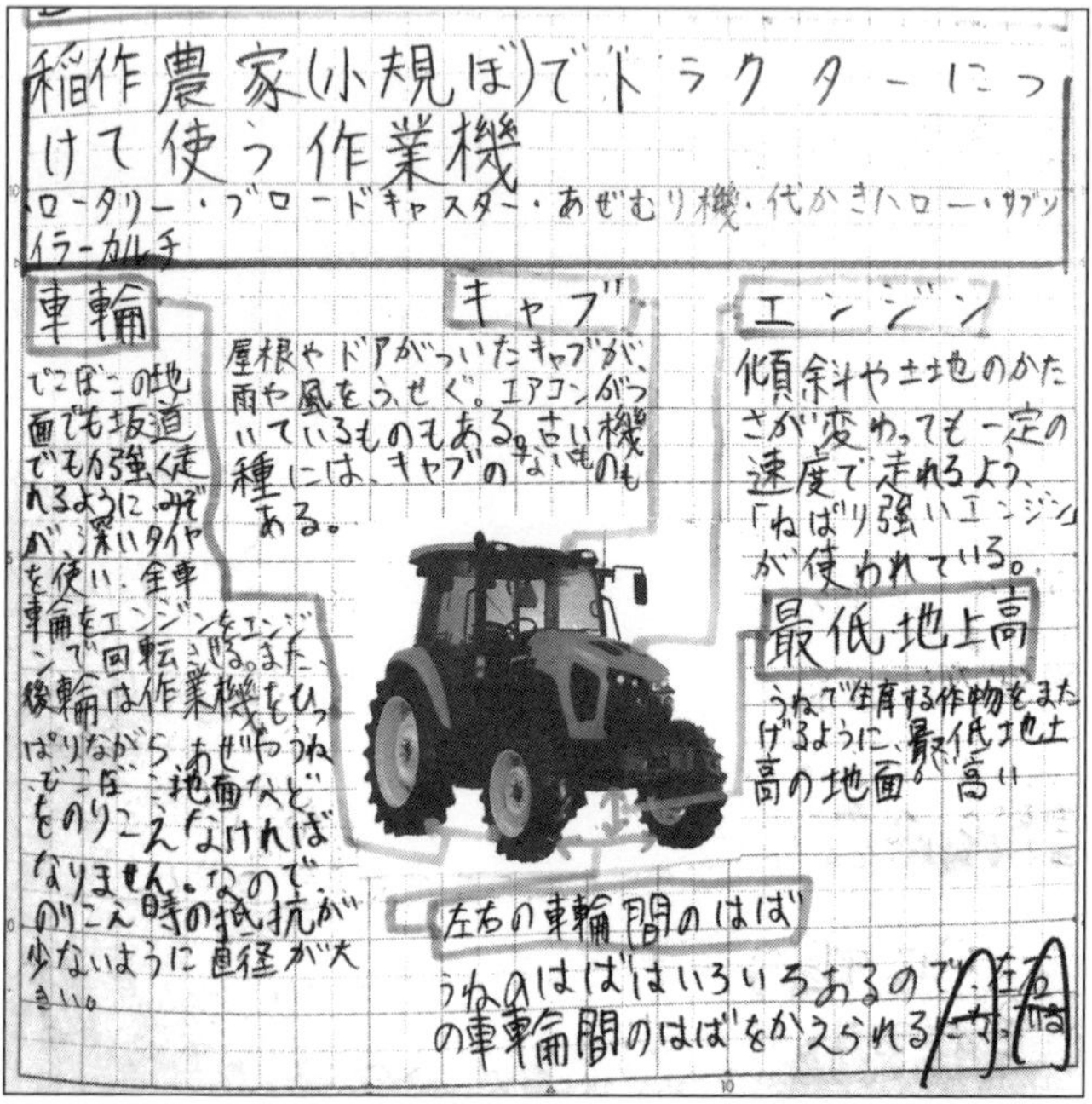

稲作農家(小規ぼ)でトラクターにつけて使う作業機
ロータリー・ブロードキャスター・あぜむり機・代かきハロー・サブソイラーカルチ
車輪
でこぼこの地面でも坂道でも力強く走れるように、みぞが深いタイヤを使い、全車輪をエンジンで回転させる。また、後輪は作業機をひっぱりながら、あぜやうね、でこぼこ地面などをのりこえなければなりません。なので、のりこえ時の抵抗が少ないように直径が大きい。
キャブ
屋根やドアがついたキャブが、雨や風をふせぐ。エアコンがついているものもある。古い機種には、キャブのないものもある。
エンジン
傾斜や土地のかたさが変わっても一定の速度で走れるよう、「ねばり強いエンジン」が使われている。
最低地上高
うねで生育する作物をまたげるように、最低地上高の地面が高い
左右の車輪間のはば
うねのはばはいろいろあるので、左右の車輪間のはばをかえられる

❸理科

授業で行った実験を復習として一から説明させます。

その際、図やイラストを入れてまとめるようにさせます。実験が失敗した原因や成功したポイントなども書き込ませると、記憶がさらに強化されます。

また、「植物の一生」「ヒトの成長」などを、イラストや図を使い、自分の言葉でまとめるのも効果的です。

❹社会

歴史であれば人物や出来事の説

明、工業であれば自動車の組立過程や工業地帯についてまとめるなど、テーマを決めて取り組ませます。

最近は資料集などの巻末にシールがついていることが多いので、左ページのノートのようにシールを活用し、１シールごとにまとめさせると取り掛かりやすくなります。

お気づきだと思いますが、特に目新しい実践は１つもありません。あくまで「教科学習の底上げを図る」ことが目的ですから、これでよいのです。

様々な方法のうち、特に手応えを感じたものを選んでみました。ぜひ実態に合わせてご活用ください。

独習の方法を身につけていくための情報を与える

前項で述べたようなことを子どもたちに伝えると、多くの子どもはとりあえず自主学習に取り組めるようになるでしょう。

しかし、教師の示した型をただ繰り返しているだけでは、力は伸びていきません。ゴールはあくまで独習の方法を身につけることですから、そこは見誤らないようにしたいものです。

独習の方法を身につけさせていくうえでポイントになるのが、**「情報」**です。子どもたちには、圧倒的に情報が不足しています。

自主学習とはどういうものか、どんなことをやったらよいのか、様々な情報に触れるのも大切な学習です。

教師の示す型しか知らない子と、型以外の様々な選択肢を知っている子では、長期的に見て、自主学習の取り組み方が違ってきます。前者は思考停止に陥ることが多く、後者は情報を生かし、徐々に自分の型を身につけていきます。

まさに**「知らないことには始まらない」**のです。

ですから、教師の型通りに行わせるだけで満足せず、ぜひ先を見据えて指導したいものです。

私は型通りに自主学習をやらせつつ、「自主学習の森」と題した自主学習のアイデア集を配付するようにしています。

「自主学習の森」には、様々な自主学習のアイデアが教科別にランダムに掲載されています。これまでに子どもたちが取り組んだもの、先生方から教えてもらったもの、ネットで調べたもの…と、たくさんのアイデアが詰め込まれています。

普段からアンテナを高くし、情報収集を心がける必要がありますが、そのような蓄積がない場合、インターネットサイト「家庭学習レシピ」（https://homework-recipe.com/）がおすすめです。次ページから紹介する「自主学習の森」（一部）も、このサイトを参考にさせていただいています。具体的なノート例も掲載されており、大変勉強になります。

国語

・読書感想文を書く
・作文を書く（テーマ例を配付）
・俳句を写す、俳句の説明をする、俳句をつくる
・習った漢字を使って文章をつくる
・言葉の意味を調べる
・熟語を調べる
・同音異義語、対義語、類義語を集める
・ことわざ、慣用句の意味や用法を調べる
・本の紹介をする
・詩を写す、詩をつくる
・漢字でしりとりする
・ことわざを調べる
・名言や格言を紹介する
・同じ部首の漢字を集める
・方言辞典をつくる
・物語を創作する　など

算数

・教科書の復習をする
・テストの間違い直しをする
・文章題を自分でつくる
・表をグラフにする（グラフを表にする）
・鶴亀算などの面白問題に取り組む
・コンパスや分度器で幾何学模様をかく
・教科書の巻末問題に取り組む
・計算問題を自分でつくる
・立体図や展開図を作図する
・いろいろな単位を調べる
・公式の説明をする
・数学の偉人について調べる

・新聞やネットから表やグラフを写し、読み取ったことを書く　など

理科

・生き物図鑑をつくる
・1つの植物や生物を徹底的に調べる
・身近な道具と学習内容を結びつけて解説する
・まとめのノートをつくる
・天気（雲、気温など）の記録をつける
・身の回りの動植物を採取、観察する
・地震や火山などの自然現象を調べる
・月の満ち欠けや天体の動きを観察する
・風の力、電気の力を利用して工作する　など
・スケッチの練習をする
・観察記録をつける
・実験の振り返りをする
・岩石や化石の図鑑をつくる
・星や星座の図鑑をつくる
・物質の状態変化を調べる
・薬品、化学物質を調べる
・自然科学の偉人を調べる

社会

・都道府県の特徴（人口や特産品など）を調べる
・地図記号を調べる
・歴史の偉人を調べる
・国旗を調べる
・世界遺産を調べる
・漁業について調べる

・資料集や教科書のグラフや表を読み取る
・農業について調べる
・世界の国々の紹介をする
・警察署や消防署などの公共施設を紹介する
・歴史の時代ごとにまとめノートをつくる
・地域のお店を紹介する
・工業について調べる
・遺跡や史跡を調べる
・日本の地形や名所を調べる
・政治の仕組みについて調べる
など

家庭

・住みやすい家を設計する
・食品を三大栄養素に分類してみる
・バランスのいい朝食メニューを考える
・掃除や洗濯をして工夫をまとめる　など
・環境にいい暮らし方を調べる
・調理方法について調べる
・つくった小物などを紹介する

音楽

・音楽家の紹介をする
・曲の紹介や感想を書く
・短いフレーズを作曲する　など
・楽器について調べる
・音楽記号を調べる

英語

・アルファベットを書く
・習った英語表現で短文を書く
・英語のあいさつを調べる　など
・単語でしりとりをする
・英語の歌を写す

「自主学習の森」の中では、子どもたちが実際に取り組んだノートも紹介しています。

個に応じた指導を行う
状況に応じて

初期の指導を丁寧に行っても、なかなか自主学習に満足に取り組めない子どもは必ずいます。

そういった子どもには、他の宿題と同様、個別指導が必要です。

❶雑に取り組んでしまう子ども

何度注意しても雑に取り組んでしまう子がいます。中には、叱れども注意すれども一向に改善しない、という子もいます。そういう子に対して繰り返し叱責すると、指導が慢性化し、改善ばかりか様々な弊害を生みかねません。

とはいえ、日々の様々な業務を考えると、一人ひとりに丁寧に指導するのは困難です。そこで、事前に子どもたちに次のように宣言しておきます。

「自主学習は、とにかく丁寧に取り組むことが大切です。学校でも丁寧に取り組む練習をしましたね。

ですから、自主学習に雑に取り組んだ場合、当然先生は注意をします。それで丁寧に取り組めるようになればよいのですが、注意をしても改善しない、という場合もあるでしょう。

もし、○回注意しても改善されない場合は、おうちの人にどのように宿題に取り組んでいるか聞き、協力をお願いしなくてはなりません。自分では改善できないのですから、仕方がありません。

それでも改善しない場合は、学校の休み時間や昼休みにやるしかありません。休み時間は先生も外で一緒に遊びたいですが、それもできなくなります…」

このように、**きちんとやらない場合はどう対応するのかを事前に子どもたちに示しておきます。**事前に伝えてあれば、ほとんどの子が納得します。教師も基準を決めているので、落ち着いて対処できるでしょう。

一番よくないのは、その場の感情に任せて指導し、子どもたちが納得せずに不満を募らせることです。改善はおろか、信頼関係にひびを入れる原因になりかねません。

また、先の話を単なる「脅し」にしてはいけません。

保護者に連絡する際にも、宿題の取組状況を把握するなど、情報収集に徹するようにします。もしかしたら家庭に何か事情があるのかもしれません。

ゲームが早くやりたくて焦っている、テレビがついていて気が散っている、など単純な原因の場合もありますが、あくまで情報を収集するだけにとどめます。

「ゲームを取り上げてください」

「テレビを消してください」

などの依頼は絶対にしないようにしましょう。基本的に、家庭での過ごし方について教師が口を出すのは控えるべきだからです（ただし、それを十分に理解したうえであれば、相談したり、協力を仰いだりするのはよいと思います）。

最終的に学校で取り組ませてもきちんとできない場合は、**自主学習を止めさせるのも1つの選択肢**です。何が何でもやらせようとすると、これも多くの弊害を生みます。まわりの先生にも相談し、ベストな対処法を検討しましょう。

また、熱心に指導しているからこそ、

「たかが宿題。元気に学校に来てくれるだけでありがたい」

とおおらかな気持ちでいることを忘れないようにしましょう。

❷学習内容が薄い子ども

字が大きいうえにノートの余白が多く、内容がいまいちな子どもがいます。評価が「C」ではないものの、明らかに「手を抜いているんじゃ…」と思われるような子どもです。

「やってみせ、言って聞かせて、させてみせ、ほめてやらねば、人は動かじ」（山本五十六）と言いますが、このような子たちは、教師が横について丁寧に教えれば、しっかりとできる場合がほとんどです。

大切なのは**「そのままにしない（放っておかない）」**ことです。

このような子たちは、いわゆる「中間層」によく見られます。中間層は「その気になればもっとできる集団」です。この子たちは、教師が自分の中途半端な自主学習にどう対応するか、じっと様子を見ています。**このまま手を抜いてもよいのか、もっとやる気を出した方がよいのか、無意識にせよ教師の出方をうかがっている**のです。

ここで中間層の子たちを放っておくとどうなるかは明白です。

学級経営でも、中間層の子たちを引っ張り上げる大切さがよく言われます。

自主学習も同じです。

中間層の子たちを引っ張り上げられるかどうかが、自主学習指導の成功のカギを握っています。

❸字を書くのが極端に苦手な子ども

真剣に取り組もうとしても、字を書くのが極端に苦手な子がいます。そのような子に対して、やり直し等を強要しないようにしましょう。丁寧に書けるまで何度もやり直させる、といったことをしてはいけません。**真剣に取り組んだ結果なのであれば、それでよしとすべき**です。

しかし同時に、それは決して「注意をしてはいけない」というわけではありません。

真面目に取り組まない場合は注意をします。

まったく注意をしない、指導をしない、というのは見捨てているのと同義です。

「昨日のノートよりも雑になっているよ」

などの取り組み方に対する注意や助言は絶対に必要です。

ただし、**「○○さんのようにきれいに書きなさい」のように、他者との比較で能力に言及するような言葉かけはしてはいけません。**

もちろん、がんばりは大いにほめて励ますようにします。本人が真面目に取り組んでいるのであれば、（支援や手立ては必要ですが）字は少しずつ上達していくはずです。

苦手とは別に、字を書くことそのものが苦痛であるというケースもあります。これは本人の意思ではどうにもならない領域です。本人や保護者と相談し、柔軟に対応しましょう。ここでも決して無理強いしてはいけません。

❹極端に時間がかかり過ぎる子ども

ノートに書かせている自主学習の時間を見ると、稀に2時間も3時間も自主学習に取り組んでいる子がいます。特別にがんばりたい理由があればよいのですが、他の子と比べて内容にさほど差がないのに、異常に長い時間がかかっている場合があります。

もし、テレビを見ながら、おやつを食べながら…などの、いわゆる「ながら勉強」が原因であれば、注意をして（時には保護者に相談して）集中して取り組むようにさせます。

しかし中には、集中して真剣に取り組んでも、2、3時間かかる子がいます。そういう子に対しては、宿題の量を調節して適切な時間内で収まるように支援しましょう。

自主学習や宿題などの家庭学習の量は、是が非でも一律でないといけない、というものではないと思います。

学校とは違い、その日の体調、家庭環境など、その子が置かれている状況を考慮することも時には必要です。

ただし、印象で独断するのではなく、本人や保護者、時には学年の先生方にも相談して総合的に判断するようにします。また、実質的に量を減らすわけですから、まわりの子どもたちへのフォローも忘れないようにしましょう。

第2章

2学期
それぞれの「もう一歩先」を目指す

0からのスタートと覚悟してやり直す

2学期は1学期の続きです。

子どもたちは長期休み明けの気怠さを背負い、1学期と何ら変わらずに学校に来ます。

「2学期はいい学期にしたい！」

などと気持ちを新たに登校する子は、実際にはほんの一握りです（詳しくは拙著『6月からの学級経営』をご参照ください）。

むしろ、長期休みによって、子どもたちは1学期の学校生活のほとんどを忘れてしまっています。

試しに、学級目標を何も見ずに言えるか問うてみてください。ほとんどの子が言えないはずです。学級で一番大事な目標すら忘れてしまっているのが現実です。

しかし、ここで怒ってはいけません。それが普通なのです。

我々教員だって、2学期の今、学校経営目標の重点を空で言えるでしょうか。長期休暇明けの職員会議で校長先生が語られて、「そうだったそうだった…」と思い出すのではないでしょうか。

校長が職員に対して方針を確認するのと同じく、**2学期のはじめは0からのスタートだと思ってやり直さなければなりません。**

自主学習について言うと、以下の3点が欠かせません。

❶自主学習の目的を再確認する
❷教師の思いをもう一度語る
❸自主学習を一度教室で行い、指導し直す

最も大切なポイントが❸です。

いきなり宿題にしてしまうと、1学期の終わりよりも手を抜いた、適当なノートが多く出されることになってしまいます。

指導のやり直しは2学期スタート3日以内で行う

このように丁寧に指導しようとすると、どうしても腰が重くなります。


「まずは1週間、学校に慣れることが大切。まだ自主学習の指導はよそう」

「1学期は授業が遅れがちだったから、2学期はまずは授業を軌道に乗せたい」

「9月は宿泊学習もあるし、とりあえずそっちが終わってから指導し直そう」


このように逃げ道をつくりたくなる気持ちはわかります。

実際やるべきことはたくさんあるので、もっともなことです。

しかし、自主学習指導のやり直しは、ぜひ1週間以内、いえ3日以内に行ってほしいのです。

なぜなら、**なし崩し的に自主学習を宿題として再開してしまうと、立て直すのがもっと大変になるから**です。

「それでも腰が重い…」という方は、こう考えてください。

「世の中のほとんどのことは、なんとでも言い訳ができるものだ。自分は『できない』のではなく、ただ単に『やらない』方を選んでいるだけなのだ」と。

真面目な話、自主学習指導のやり直しはそれほど大切なのです。

2学期は1年の中で最も長い学期です。スタートで転んでしまうのはあまりにももったいない。いの一番にやるつもりで、ぜひ指導してほしいと思います。

できる子、やりたい子から先に進ませる

「現状維持では後退するばかりである」　ウォルト・ディズニー

「前に進まない人は、後ろに下がっている」　ゲーテ

人が現状維持だと思っていることは、実は後退、衰退である、ということに気づかされる名言です。

私自身も、こういったことに気がつき、ドキッとすることがあります。

自主学習も然りです。現状に満足していると、子どもたちの自主学習は衰退していきます。単純に、子どもたちは**同じことの繰り返しに飽きてしまう**のです。

「それならそろそろ思い思いのノートづくりをさせてもよいのではないか」と思いがち

ですが、経験的に言うと、学級全体でそれができるようになるのは2学期の後半です。

いずれにしても、**「現状に満足せず、もう一歩先に踏み込んでみる」**という考え方は、自主学習においては非常に重要です。

多くの教師は、子どもたちがなんとなくできるようになってくると、それで満足してしまいがちです。もう一歩踏み込めば、もっとよくなるにもかかわらずです。

こういった思考に陥りがちなのは、日本の教育が「公平性・平等性」に重きを置き過ぎていることの悪弊ではないかと思いますが、何も学級全員を強制的に先に進ませる必要はありません。

要するに、**できる子、やりたい子から先に進ませればよい**のです。

自力でできる子にはどんどん進ませ、やりたいけれどできない子には的確に支援し、力はあるのに関心の薄い子には「一緒にやってみないか」と熱意を込めて誘う。

これでよいのです。

基礎基本は全員身についているのですから、この先は教師も楽しむつもりで行うと気持ちが楽になると思います。

新たな評価段階を開放する

では、もう一歩先に進ませるためには、どうしたらよいのでしょうか。

私の場合、新たな評価段階**（AAAの上にS）**を開放します。

「評価で釣るのはいけないのではないか」と思うかもしれません。

確かに、初期の段階でそのような指導は考え物ですが、この段階になれば、子どもたちは自主学習の本質やよさを十分に理解しています。

自主学習の本質やよさを理解している子どもに、**さらなるレベルアップの動機づけとして、一段上の水準を実感させる**ということです。

実際、

「自主学習をもっとよくしよう」

「自主学習をもう一歩レベルアップさせよう」

と口で言うよりも、はるかに子どもに伝わります。

ちょっと話が横道に逸れますが、この点で、ＲＰＧ（ゲーム）というのは非常によくできていると思います。ＲＰＧには必ず「レベル」が設定されています。プレーヤーはレベル10で敵キャラに勝てなかった場合、

「レベル20ならどうか」

「レベル20になるためにはどうしたらいいか」

と、さらにゲームにのめり込みます。

これが「敵に勝てなかったのはたまたま（キャラクターの）調子が悪かっただけではないか」なんて話になったら、そんなゲームは売れるはずがありません。

要するに、自主学習でも、**新たなレベルを見せることで、子どもたちがもっとのめり込んでくれることを期待している**わけです。

繰り返しになりますが、これは子どもたちにある程度の力がついてから行うべき指導です。子どもたちが評価に振り回されるようではいけません。子どもたちの実態をよく把握したうえで行ってください。

「すごいレベル」のノートを見せる

新たな評価段階を開放したら、ぜひ「すごいレベル」のノートを見せましょう。

百聞は一見に如かず、です。

レベルの高いノートを見せたときに、子どもたちが「自分もやってみたい！」と思うような学級経営を心がけたいものです。

本項でもいくつかのノート例を紹介しますが、一番はじめに出てくるノートは、大人が使うような「キャンパスノート」を使用しています。細かく書けばよいわけではありませんが、マス目のノートよりも書き込める情報量は必然的に増えます。実際、子どもがキャンパスノートを使いこなすためには、かなりの努力と経験が必要です（S評価を用いる前のノートなので、評価はAAAになっています）。

次のノートは、マス目のノートを使っていますが、1文字を1マスの4分の1サイズでびっしりと書き込んでいます。イラストや図も使い、工夫も怠っていません。何よりこれ以上に書き込む余地はなく、かなりの努力がうかがえます。

その他のノートも、図やイラストなどを取り入れながら、しっかりとやり込んでいることがひと目でわかります。漢字テストは間違いのポイントを書き込んだり、算数はつまずきポイントを解説したり…と、工夫が随所に見られます。

このような努力や労力の感じられるノートをたくさん見せ、自分のノートと見比べさせます。

そのため、**日頃からお手本になりそうなノートは本人の承諾を取り、コピーしておくことをおすすめします。**

もしそういった積み上げがない場合は、教師がお手本を書いてもよいでしょう。

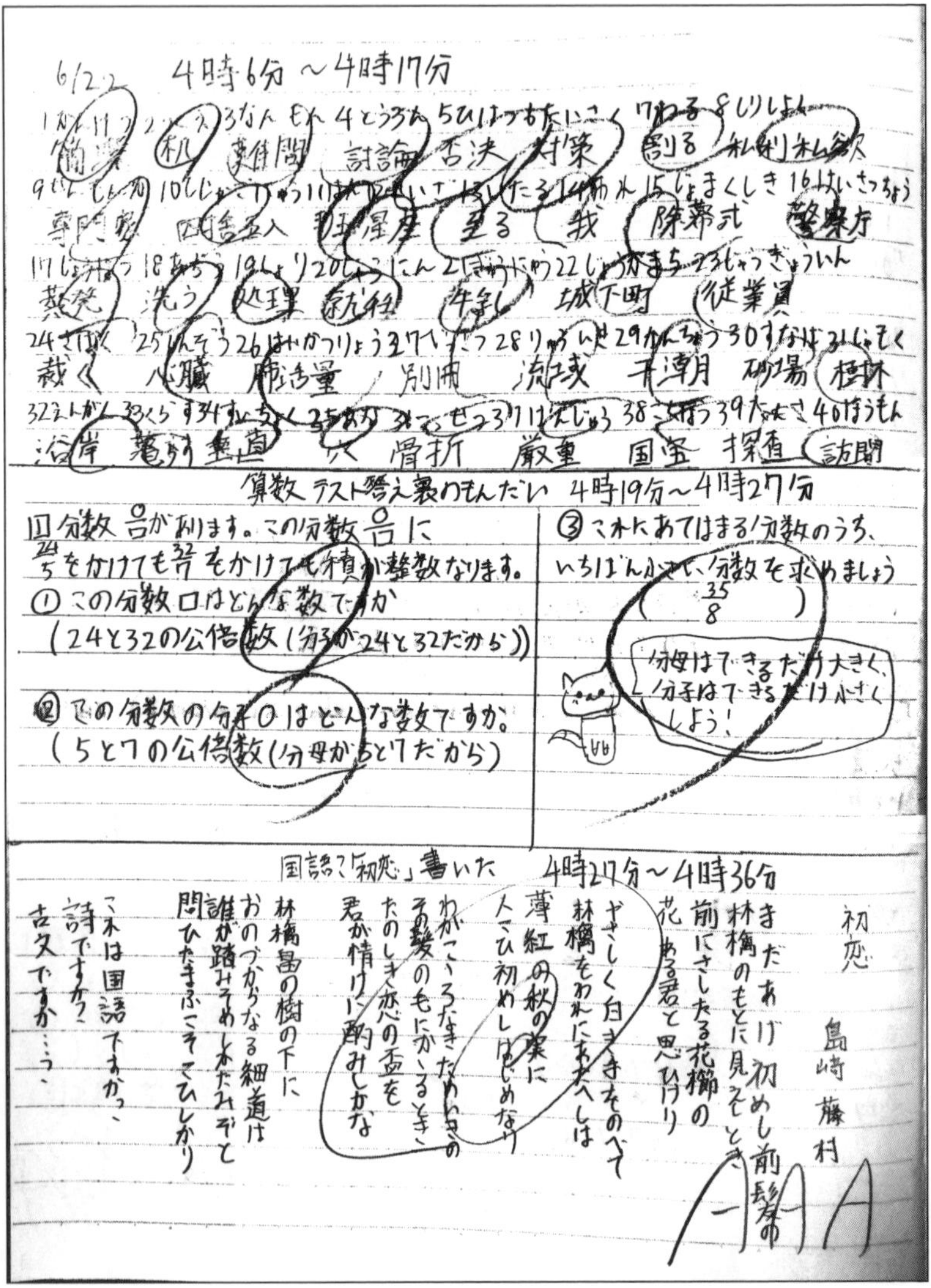
6/22　4時6分〜4時17分

1かんけつ 2つくえ 3なんもん 4とうろん 5ひけつ 6たいさく 7わる 8しりしよく
簡潔　机　難問　討論　否決　対策　割る　私利私欲
9せんもんか 10ししゃごにゅう 11おくじょう 13いたる 14われ 15じょまくしき 16けいさつちょう
専門家　四捨五入　屋上　至る　我　除幕式　警察庁
17じょうはつ 18あらう 19しょり 20しゅうにん 21ぎゅうにゅう 22じょうかまち 23じゅうぎょういん
蒸発　洗う　処理　就任　牛乳　城下町　従業員
24さばく 25しんぞう 26はいかつりょう 27べっさつ 28りゅういき 29かんちょう 30すなば 31じゅもく
裁く　心臓　肺活量　別冊　流域　干潮　砂場　樹木
32えんがん 33くらす 34すいちょく 35あな 36こっせつ 37げんじゅう 38こくほう 39たんさ 40ほうもん
沿岸　暮らす　垂直　穴　骨折　厳重　国宝　探査　訪問

算数 テスト答え裏のもんだい　4時19分〜4時27分

④ 分数 □/○ があります。この分数 □/○ に $\frac{24}{5}$ をかけても $\frac{32}{7}$ をかけても積が整数なります。
① この分数□はどんな数ですか
（24と32の公倍数（分子が24と32だから））
② この分数の分子○はどんな数ですか。
（5と7の公倍数（分母が5と7だから））

③ これにあてはまる分数のうち、いちばん小さい分数を求めましょう
（ $\frac{35}{8}$ ）
分母はできるだけ大きく、分子はできるだけ小さくしよう！

国語で「初恋」書いた　4時27分〜4時36分

初恋　島崎藤村

まだあげ初めし前髪の
林檎のもとに見えしとき
前にさしたる花櫛の
花ある君と思ひけり

やさしく白き手をのべて
林檎をわれにあたへしは
薄紅の秋の実に
人こひ初めしはじめなり

わがこゝろなきためいきの
その髪の毛にかゝるとき
たのしき恋の盃を
君が情けに酌みしかな

林檎畠の樹の下に
おのづからなる細道は
誰が踏みそめしかたみぞと
問ひたまふこそこひしけれ

これは国語ですか、
詩ですか、
古文ですか…。

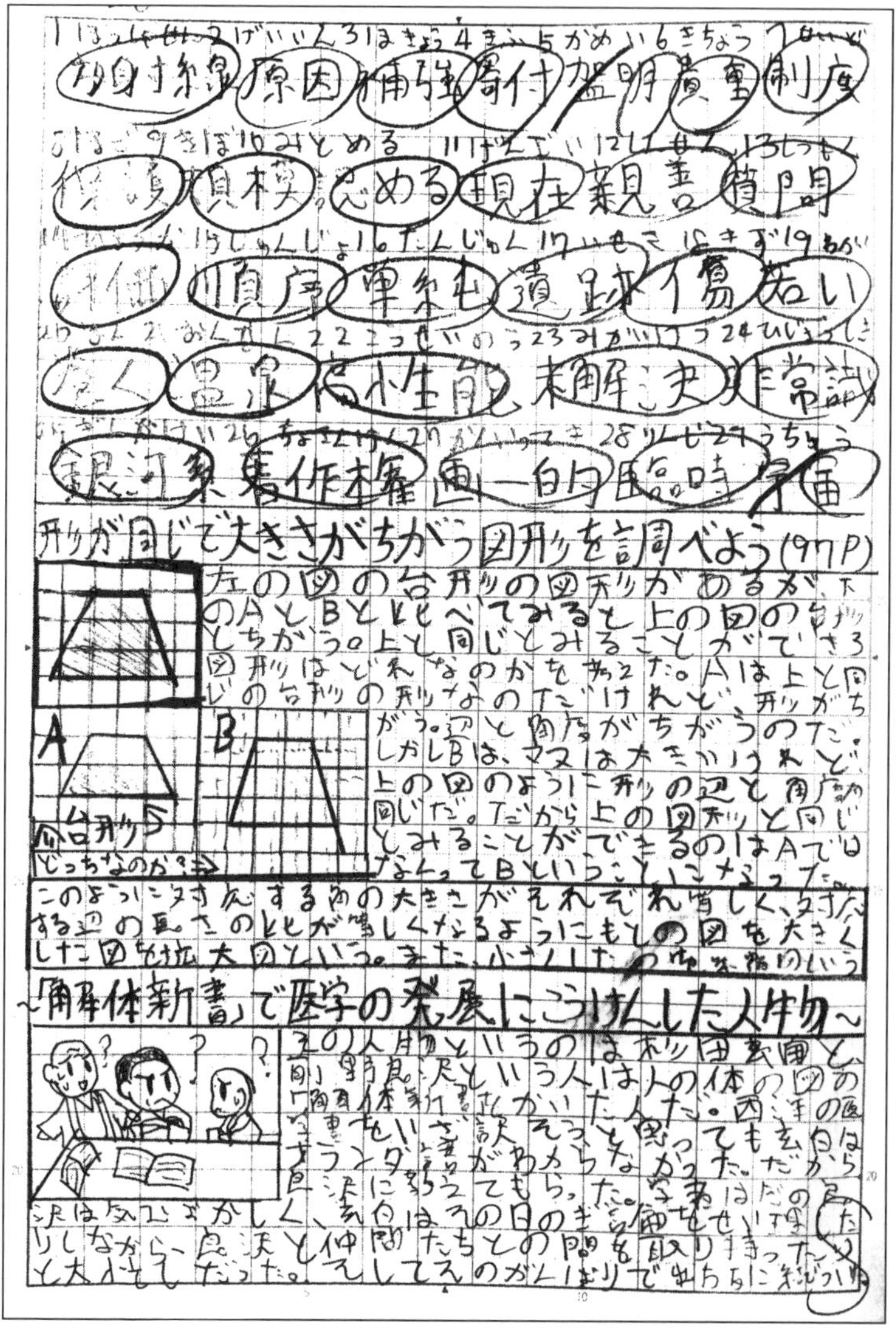
形が同じで大きさがちがう図形を調べよう（97P）
A
B
台形
どっちなのか？
〜「解体新書」で医学の発展にこうけんした人物〜

前ページつづき

点対称な図形 (2)

◎回してぴったり点対称 Lの図のように、対称の中心をもとに、180°回転させ、ぴったりと重なる図形を点対称な図形といいます。点Bと対応する点は点Fとなります。また、直線BFは対称の中心Oを通り、BOとFOの長さは等しくなります。

この図形の中心となる点を、対称の中心といいます。回転は180°です。

タイセツ

180°回転させよう！

この対応する点をつなぐ直線は、
①対称の中心を通る
②対称の中心から対応する点までの長さはひとしい！

直線

ぴったり

（図中 A H G F B C O E D 東）

理科　月の形の見え方

◎月は、地球から見たとき、太陽の光が当たっている部分が光って見えます。また、右の図の場合南西の部分が光って見えるので、太陽は南西に南あることがわかります。また、月は 新月 →三日月 → 半月 →満月 →半月 →新月と、約一ヶ月かけて、すこしずつ変わって見えます。

また月は 太陽と 同じく、 南の空を とおり、 西へと うごきます。（白くい）

満月　東から

東 すむのは西

地球からみえる部分

地球

月がまわる方向

新月のとき月は見えない

半月

北
三日月
大
新月

太陽の光

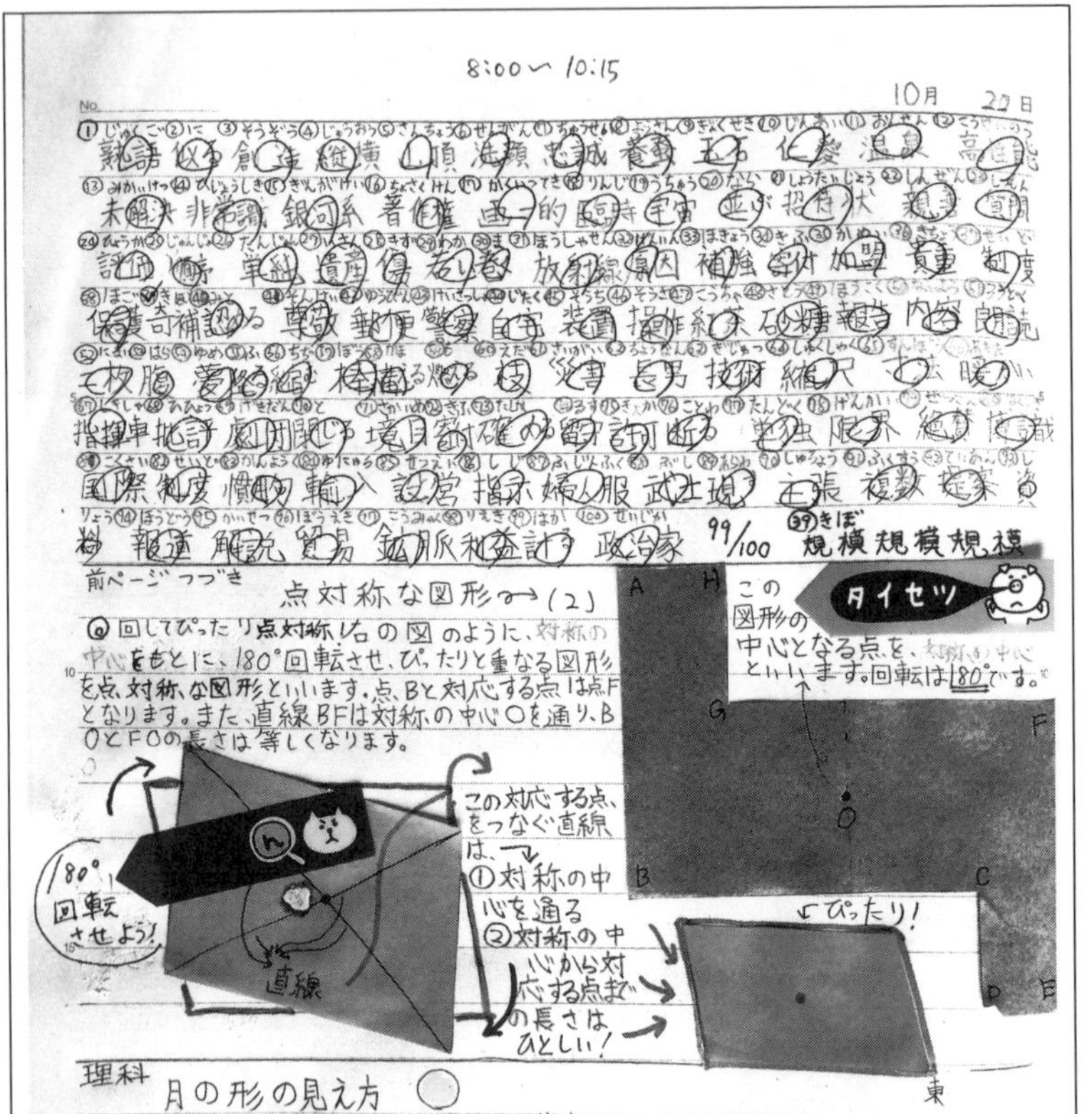

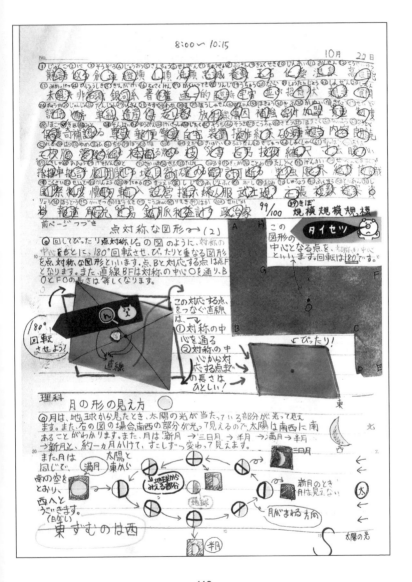

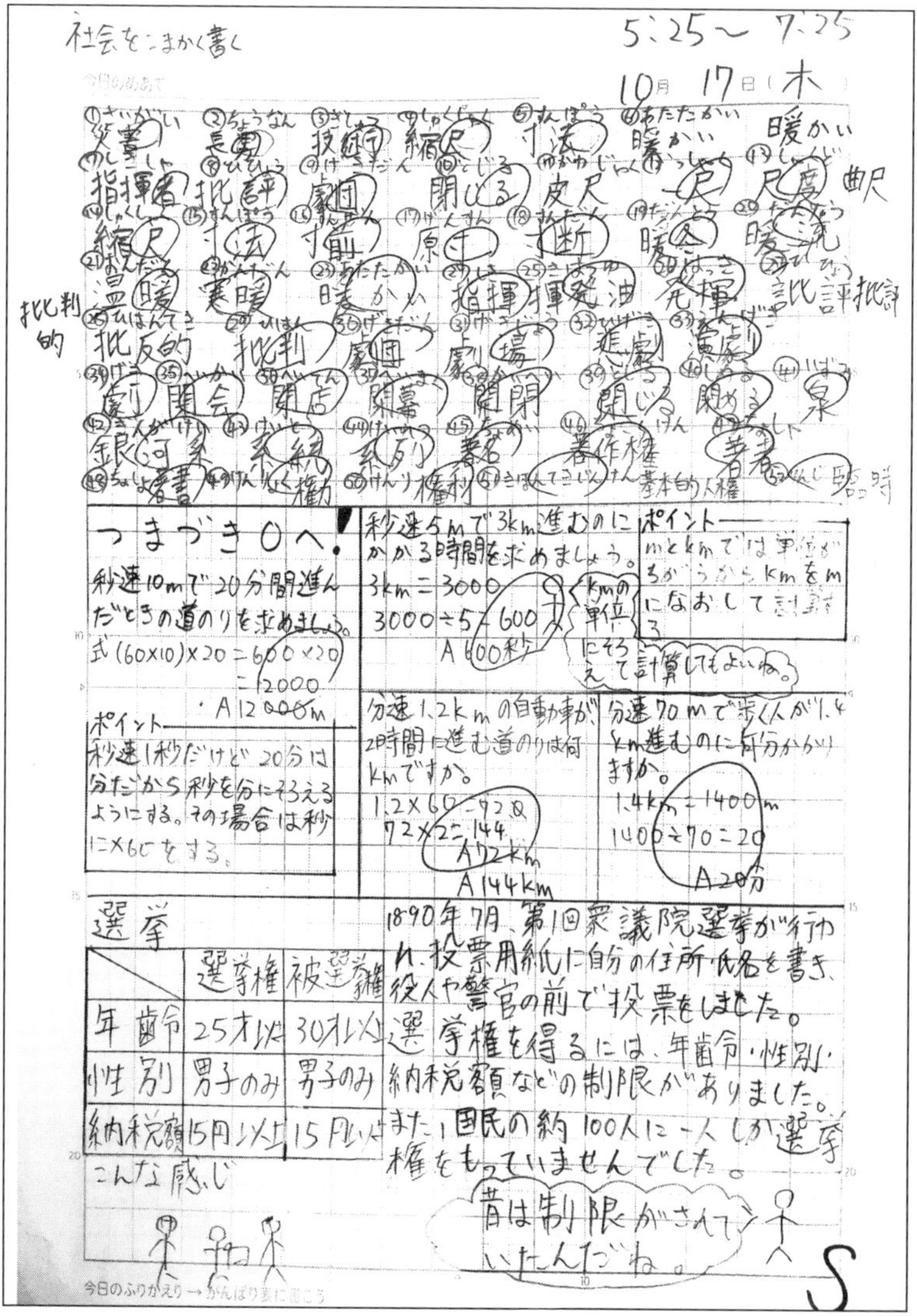
社会をこまかく書く

5:25〜7:25

10月 17日(木)

災害 長男 技術 縮尺 寸法 暖かい 暖かい
指揮者 批評 劇団 閉じる 皮尺 尺 尺度
縮尺 寸法 寸前 原寸 寸断 暖冬 暖流
温暖 寒暖 暖かい 指揮 指揮 発揮 批評
批判的 批反的 批判 劇団 劇場 悲劇 演劇
劇 開会 閉店 閉幕 開閉 閉じる 閉める 泉
銀河系 系統 系列 署名 著作権 著者
著書 権力 権利 基本的人権

つまづき0へ!
秒速10mで20分間進んだときの道のりを求めましょう。
式(60×10)×20=600×20
=12000
A 12000m

ポイント
秒速1秒だけど20分は分だから秒を分にそろえるようにする。その場合は秒に×60をする。

秒速5mで3km進むのにかかる時間を求めましょう。
3km=3000
3000÷5=600
A 600秒
kmの単位にそろえて計算してもよいね。

ポイント
mとkmでは単位がちがうからkmをmになおして計算する。

分速1.2kmの自動車が、2時間に進む道のりは何kmですか。
1.2×60=72
72×2=144
A 144km

分速70mで歩く人が1.4km進むのに何分かかりますか。
1.4km=1400m
1400÷70=20
A 20分

選挙

	選挙権	被選挙権
年齢	25才以上	30才以上
性別	男子のみ	男子のみ
納税額	15円以上	15円以上

こんな感じ

1890年7月、第1回衆議院選挙が行われ、投票用紙に自分の住所・氏名を書き、役人や警官の前で投票をしました。選挙権を得るには、年齢・性別・納税額などの制限がありました。また、国民の約100人に一人しか選挙権をもっていませんでした。

昔は制限がされていたんだね。

S

今日のふりかえり → がんばり表に書こう

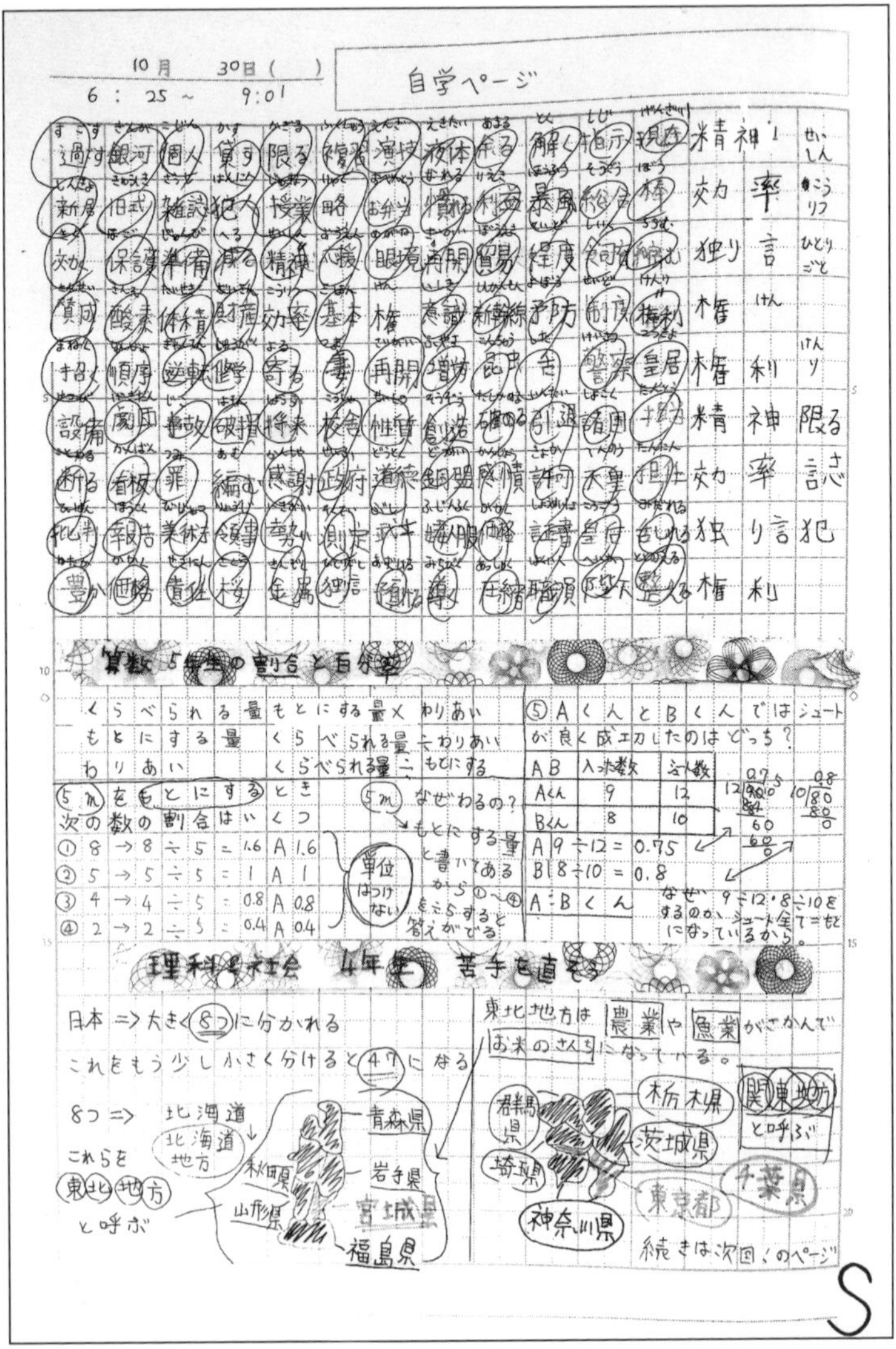

10月 30日（ ）
6：25～ 9：01
自学ページ
算数 5年生の割合と百分率
くらべられる量 もとにする量×わりあい
もとにする量 くらべられる量÷わりあい
わりあい くらべられる量÷もとにする
5mをもとにするとき次の数の割合はいくつ
① 8→8÷5＝1.6 A 1.6
② 5→5÷5＝1 A 1
③ 4→4÷5＝0.8 A 0.8
④ 2→2÷5＝0.4 A 0.4
単位はつけない
5m なぜわるの？
もとにする量と書いてあるから①〜④を÷5すると答えがでる
⑤AくんとBくんではシュートが良く成功したのはどっち？
AB 入った数 全数
Aくん 9 12
Bくん 8 10
A 9÷12＝0.75
B 8÷10＝0.8
A：Bくん
なぜ9÷12・8÷10をするのか、シュート全てがもとになっているから。
理科＆社会 4年生 苦手を直そう
日本 => 大きく8つに分かれる
これをもう少し小さく分けると47になる
8つ => 北海道
北海道地方
これらを東北地方と呼ぶ
青森県
岩手県
秋田県
山形県
宮城県
福島県
東北地方は農業や漁業がさかんでお米のさんちになっている。
群馬県
栃木県
茨城県
埼玉県
東京都
千葉県
神奈川県
関東地方と呼ぶ
続きは次回！のページ
S

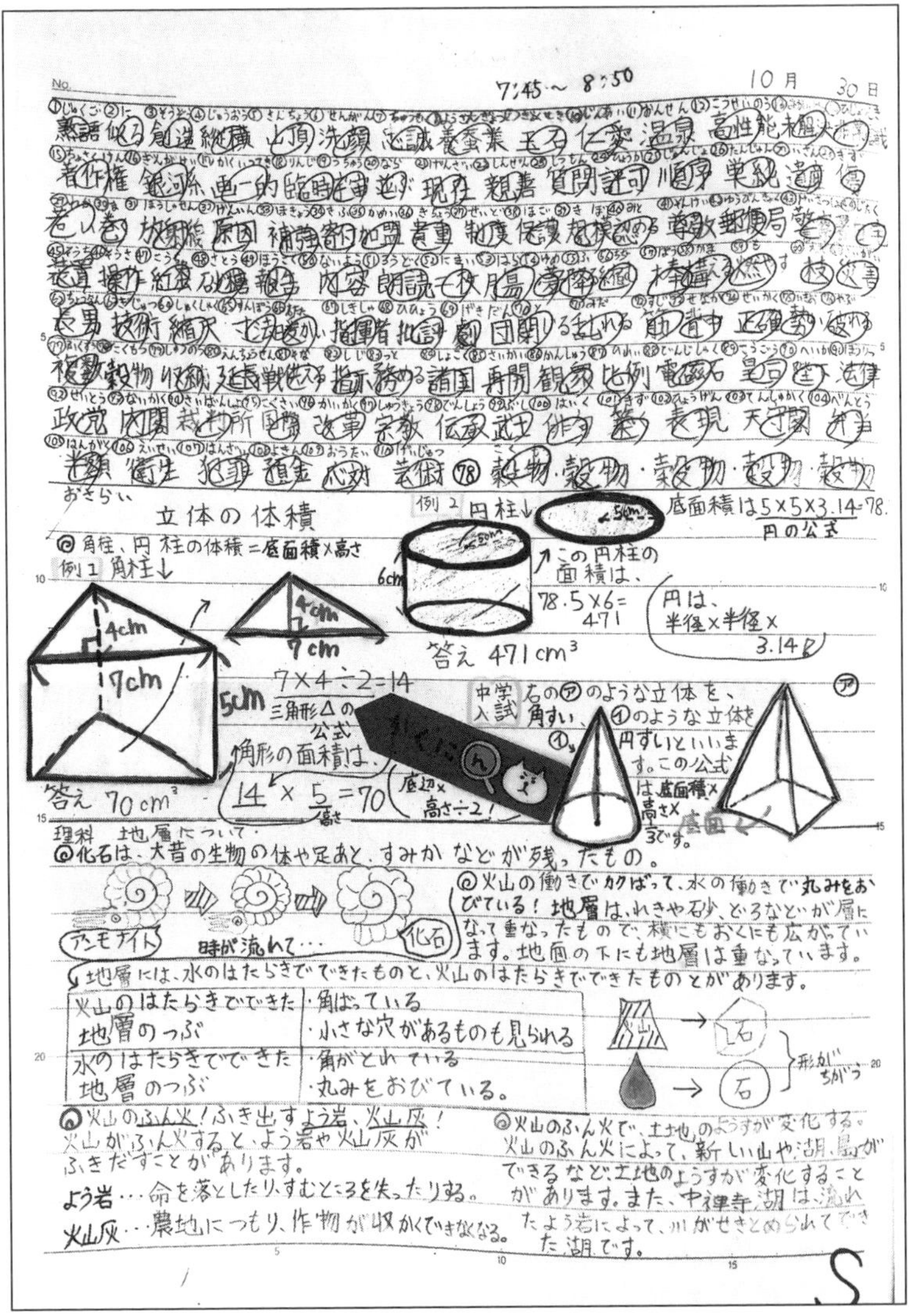
No.
7:45～8:50
10月 30日
おさらい
立体の体積
◎角柱、円柱の体積＝底面積×高さ
例1 角柱↓
4cm
7cm
5cm
7×4÷2＝14
三角形△の公式
角形の面積は、
14×5＝70
底辺×高さ÷2！
答え 70cm³
例2 円柱↓
底面積は5×5×3.14＝78.5
円の公式
この円柱の面積は、
78.5×6＝471
円は、半径×半径×3.14だ
答え 471cm³
中学入試 右の㋐のような立体を、角すい、㋑のような立体を円すいといいます。この公式は底面積×高さ×⅓です。
理科 地層について
◎化石は、大昔の生物の体や足あと、すみかなどが残ったもの。
アンモナイト
時が流れて…
化石
◎火山の働きでカクばって、水の働きで丸みをおびている！地層は、れきや砂、どろなどが層になって重なったもので、横にもおくにも広がっています。地面の下にも地層は重なっています。
地層には、水のはたらきでできたものと、火山のはたらきでできたものとがあります。
火山のはたらきでできた地層のつぶ
・角ばっている
・小さな穴があるものも見られる
水のはたらきでできた地層のつぶ
・角がとれている
・丸みをおびている。
火山
石
形がちがう
◎火山のふん火！ふき出すよう岩、火山灰！
火山がふん火すると、よう岩や火山灰がふきだすことがあります。
よう岩…命を落としたり、すむところを失ったりする。
火山灰…農地につもり、作物が収かくできなくなる。
◎火山のふん火で、土地のようすが変化する。
火山のふん火によって、新しい山や湖、島ができるなど土地のようすが変化することがあります。また、中禅寺湖は流れたよう岩によって、川がせきとめられてできた湖です。

3:35〜5:15

今日のめあて　　　　10月　30日（水）

①法律《ほうりつ》 ②政党《せいとう》 ③内閣《ないかく》 ④裁判所《さいばんしょ》 ⑤国際《こくさい》 ⑥改革《かいかく》 ⑦宗教《しゅうきょう》

⑧伝承《でんしょう》 ⑨武士《ぶし》 ⑩俳句《はいく》 ⑪規律《きりつ》 ⑫調律《ちょうりつ》 ⑬一律《いちりつ》 ⑭律する《りっする》 ⑮野党《やとう》

⑯党首《とうしゅ》 ⑰党員《とういん》 ⑱党派《とうは》 ⑲組閣《そかく》 ⑳閣議《かくぎ》 ㉑天守閣《てんしゅかく》 ㉒変革《へんかく》 党派

㉓沿革《えんかく》 ㉔革命《かくめい》 ㉕革新《かくしん》 ㉖宗徒《しゅうと》 ㉗改宗《かいしゅう》 ㉘宗派《しゅうは》 ㉙俳人《はいじん》

㉚俳号《はいごう》 ㉛俳優《はいゆう》 ㉜署長《しょちょう》 ㉝署名《しょめい》 ㉞自宅《じたく》 ㉟住宅《じゅうたく》 ㊱宅配便《たくはいびん》

㊲帰宅《きたく》 ㊳装置《そうち》 ㊴装備《そうび》 ㊵包装《ほうそう》 ㊶洋装《ようそう》 ㊷服装《ふくそう》 ㊸操作《そうさ》 ㊹操業《そうぎょう》

㊺体操《たいそう》 ㊻操縦《そうじゅう》 ㊼紅茶《こうちゃ》 ㊽紅葉《こうよう》 ㊾紅白《こうはく》 ㊿紅梅《こうばい》 51口紅《くちべに》 52砂糖《さとう》 53黒砂糖《くろざとう》

54ぶどう糖《ぶどうとう》 55糖分《とうぶん》 56朗読《ろうどく》 57朗報《ろうほう》 58明朗《めいろう》 59朗々《ろうろう》 60二枚《にまい》 61枚数《まいすう》

かげの長さは、物の高さに比例します。このことを使って右の木の高さを求めましょう。

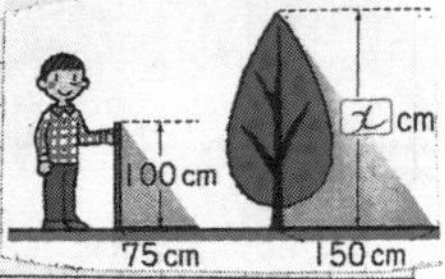

〈自分の考え方〉
150÷75＝2
2×100＝200
A200cm

他のやり方

〈ゆみの考え方〉

	棒	木
高さ	100	x
かげの長さ	75	150

・図を作って考えている。
100×2＝200
A200cm

〈たくみの考え方〉

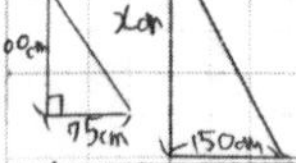

×2
100：75＝x：150・比を使って考えている
100×2＝200
A200cm

大切
まず表や図を作るとよい。

答え200cm

ふり返り
自分のやり方とは、ちがうやり方をしていて他のやり方が分かった。

普通選挙法

納税額によってあたえられていた参政権が1925年からは、25才以上の男性すべてにあたえられました。
女性に参政権があたえられたのは、第二次世界大戦後でした。

民主主義
国民が主権を持ち自分達の手で政治を行う。

満州国
満州事変をきっかけとして日本は中国東北部とモンゴルの一部をふくむ国家を建設、軍がこれを支配した。

S

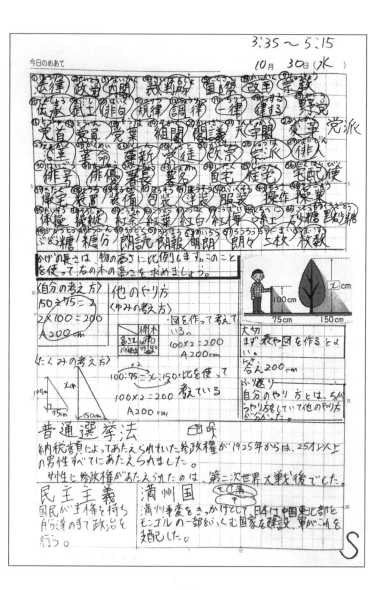

第2章
2学期
それぞれの「もう一歩先」を目指す

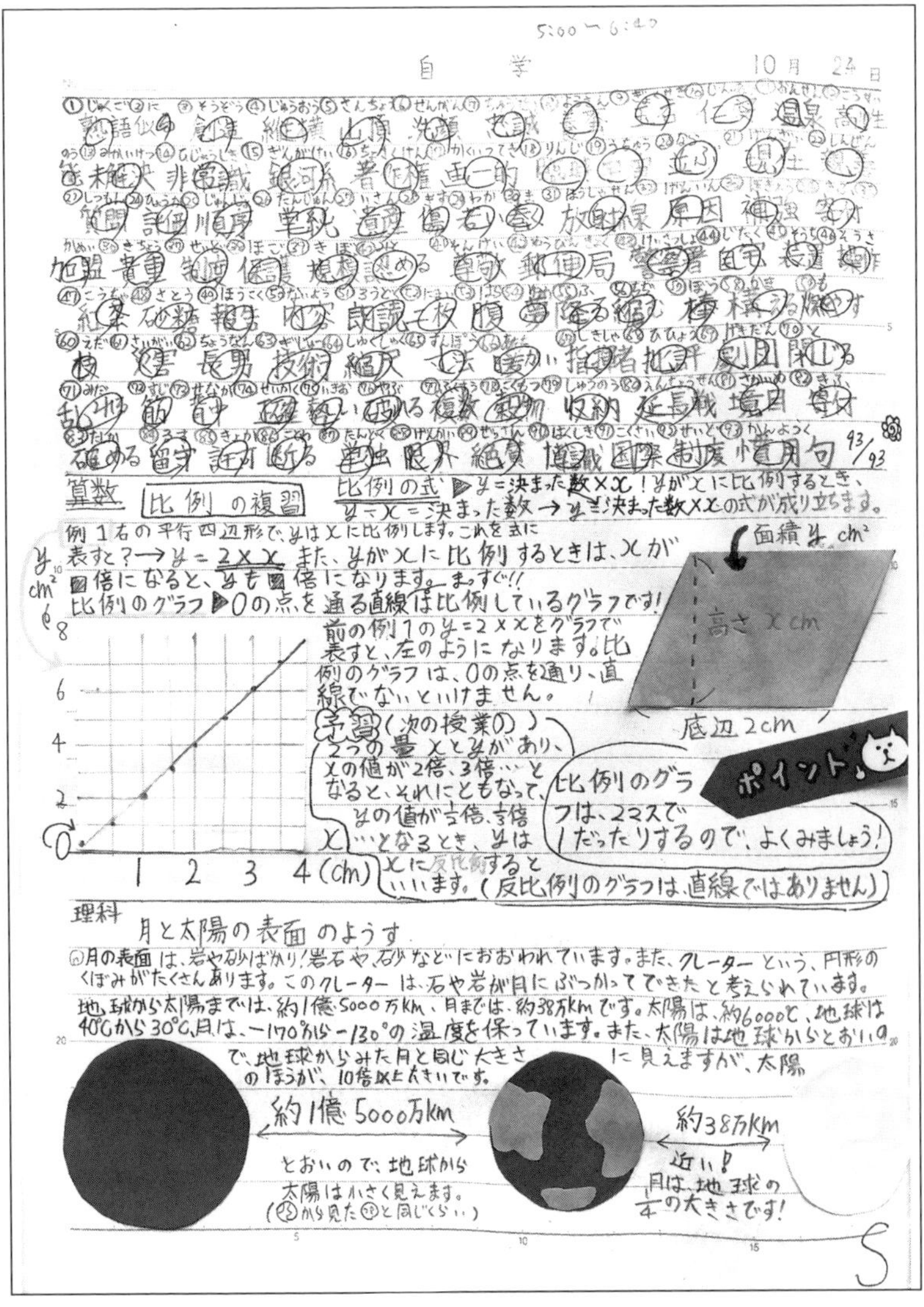

子ども同士で改善のためのアドバイスをさせる

2学期の中頃になると、子どもたちの自主学習のレベルは相当高まってきます。多少の個人差はあるものの、自主学習の質を見極める目も、みんなずいぶんと成長しています。

そこでこの時期は、**教師の助言よりも、子どもたち同士でノートを見せ合わせた方がよい刺激になります。**

「もっとよいノートにするにはどうしたらいいか」

「(よいノートの）どこをどう真似したいか」

という具体的な視点をもたせ、ノートを見せ合う機会を定期的にもたせるようにしましょう。

基本的には相手をほめるように指示します。

しかし、ほめてばかりでもよいノートにはなっていきません。

子どもたちには、

「ほめることは大切。けれども改善点を話し合える間柄こそ本当の仲間（友だち）」

と、熱を込めて語りましょう。

また、

「改善点を指摘されるのは嫌だけれども、素直に受け入れてこそ本物」

と、伝えるようにします。

教師が真剣に伝えれば、多くの子たちは真摯に行動してくれるはずです。決して相手のノートを馬鹿にしたり非難したりはしません。

それでも、中にはノートを見られたくない子もいます。そういう子の存在に気づき、フォローするのが、教師の大切な役割です。


ノートを見せ合った後は、**自分のノートをどう改善したらよいか、じっくりと振り返る時間を取ります。**

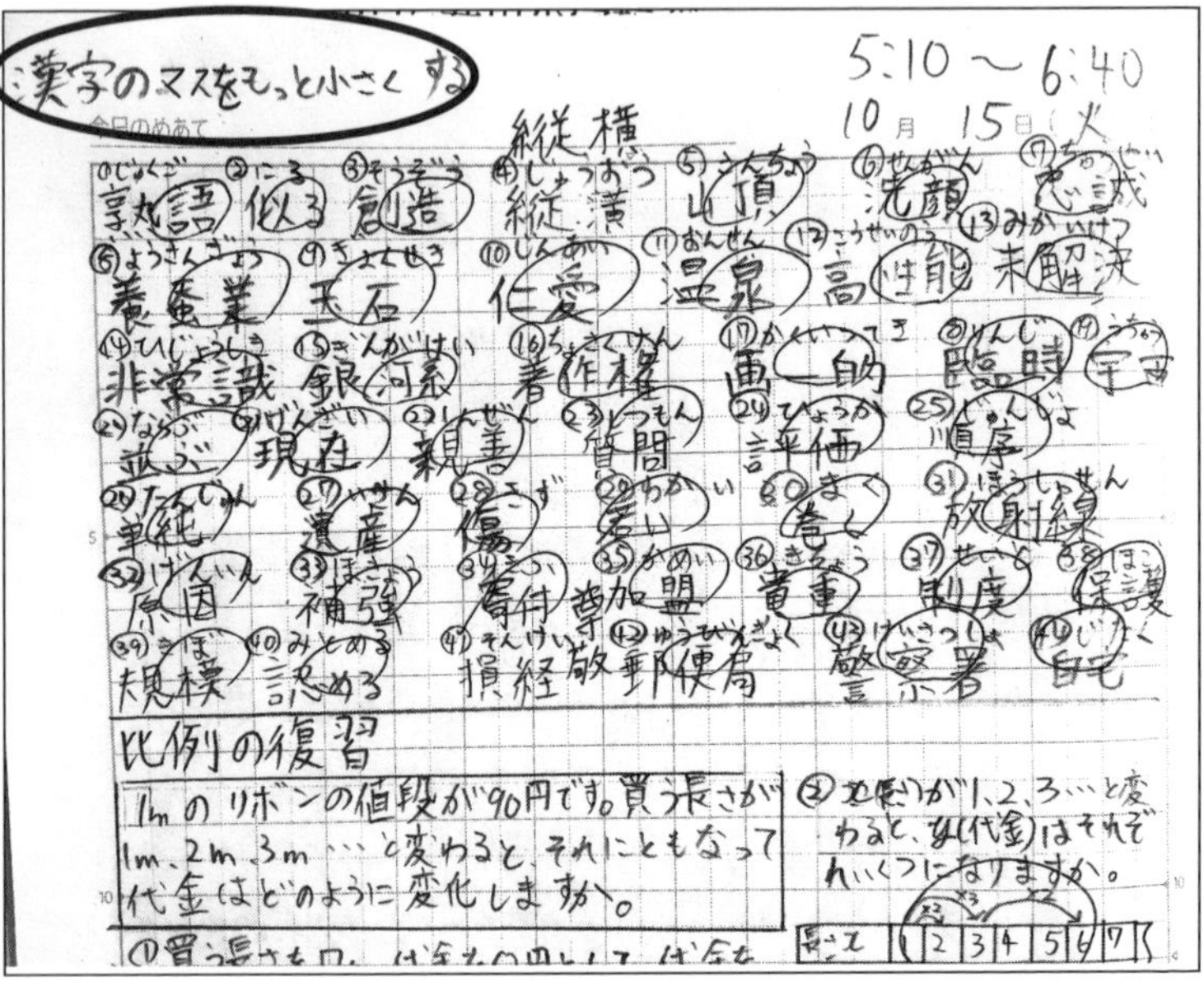

上のノートのように「改善したいポイント」（ノートの左上の○で囲まれた部分）を具体的にノートに書かせると効果的です。具体的に書くことで、記憶に残ります。

ただし、「改善したいポイント」はたくさん書き過ぎてしまうと、いわゆる「絵に描いた餅」になってしまいがちです。おおよそ1～2つ、多くても3つを上限として、絞らせた方がよいでしょう。

また、このポイントを、次に取り組むページにも書かせておくと、家で取り組むときに再確認することができます。

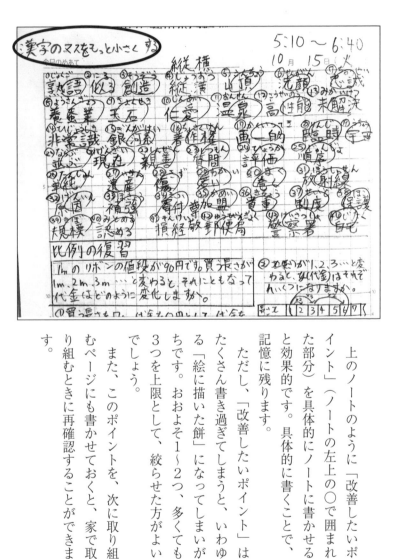

大人も同じですが、せっかく振り返りをしても、時間が経つと忘れてしまうものなので、取り組むときに目に入る場所に書かせるのも工夫の1つと言えます。

子どもたちに自身の変容に気づかせる

第1章（1学期の指導）において、「1か月単位、できれば1週間単位で振り返りを行い、どれだけ自分の学びが成長したのかを、自分自身で確認する時間を取ってください」と述べました。

着実に実践していけば、子どもたちのノートは1週間、1か月でもずいぶんと成長するからです。

これが2学期ともなれば、1学期のはじめからの成長というのはより顕著なものになります。

そこでぜひ、**4月のノートと見比べて、子ども自身に変容を実感させる機会を設けましょう。**

きっと子どもたちは4月のノートを見て、

「こんなだったの？」

と驚き、今のノートを見て、

「やれば結構できるんだね」

と感じることでしょう。


また、もし可能であれば、**漢字や計算の小テスト、単元テストの平均点の伸びを公開してもよいでしょう。**客観的な数字の変容というのは、やはり説得力が違います。

もし、テストの集計にソフトなどを使っていれば、個人の点数の伸びも比較的簡単に示せるはずです。必要に応じてうまく活用したいものです。


ちなみに、次ページのノートは6年生の1学期、その次のページは6年生の2学期のものので、いずれも同じ子どもが書いています。

はじめは自主学習に苦手意識があり、やや苦戦していた子どもですが、半年間辛抱強く積み重ねていくことで、驚くほど成長しました。

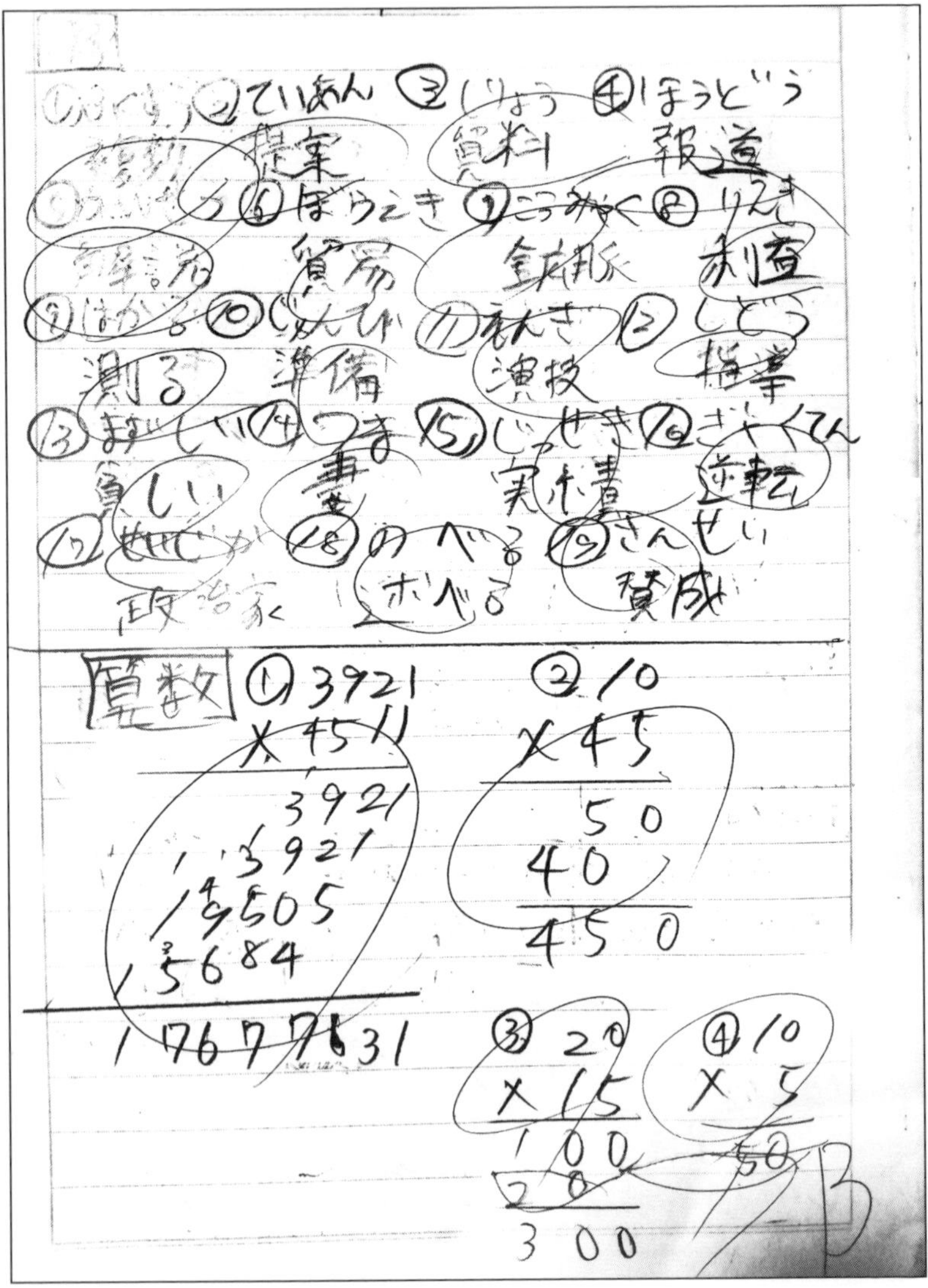

①　②ていあん　③しりょう　④ほうどう
提案　資料　報道
⑤　⑥ぼうえき　⑦こうみゃく　⑧りえき
貿易　鉱脈　利益
⑨はかる　⑩じゅんび　⑪えんぎ　⑫しどう
測る　準備　演技　指導
⑬まずしい　⑭つま　⑮じっせき　⑯ぎゃくてん
貧しい　妻　実せき　逆転
⑰せいじか　⑱のべる　⑲さんせい
政治家　述べる　賛成

算数
① 3921 × 45
3921
3921
19605
15684
1767731

② 10 × 45
50
40
450

③ 20 × 15
100
20
300

④ 10 × 5
50

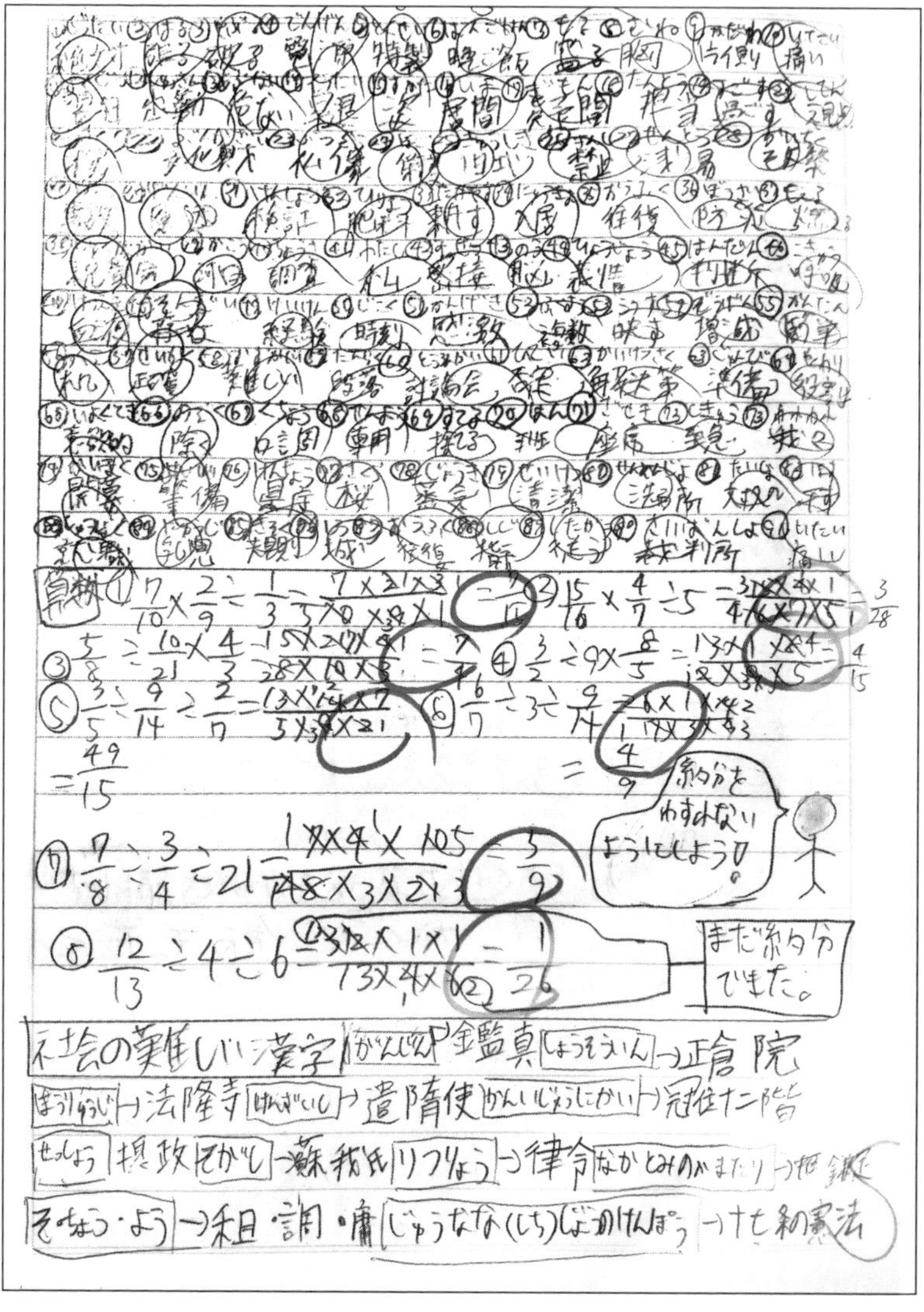
約分をわすれないようにしよう!
まだ約分できました。

アイデア週間を設ける

この時期になると、

「自主学習でやることがありません！」

と子どもたちから訴えられることが多くなります。

深刻なときは、

「何をやらせたらいいのでしょうか？」

と保護者会で相談を受けることもあります。

私の経験としては、自主学習を始めたばかりの中学年で多いような気がします。

このような場合、機会を見計らって「アイデア（ネタ集め）週間」を設けます。

1週間だけ「自主学習ネタをできる限り集める」ことを宿題にするのです。これを学級通信等を利用して、保護者にも周知します。保護者と信頼関係ができてくる2学期だからこそできる指導です。

子どもたちには「アイデア3つにつきAを1つプレゼントする」ことを伝えます。子どもたちは大喜びです。中には、両親だけでなく、祖父母や親戚にまで聞いてくる子も出てきます。

次ページからのノートは、週末の金土日でアイデアを集めてきたものです。3日間で60～100近くのアイデアを集めてきています（学級の平均数で見ても、50を超えていました）。

このように、子どもたちが本気で取り組むと、100単位でアイデアが集まります。「ことわざ調べ」「図鑑調べ」などといった学習色の強いものから「将棋」「サッカー」など趣味の領域のものまで、多種多様です。

こうしたアイデアが子どもたちの役に立つのはもちろん、**教師にとってもすばらしい財産になります。**ぜひその場限りにせずに、情報を蓄積するようにしましょう。

ノートの例の後に、集まったアイデアの一部を載せておきますので、ぜひご活用ください。

(アイデアを集めよう!)

月　日　アイデア　No.

•歴史のい人しょうかい・自分のすきな本のしょうかい・すきな動物の理由ととくちょうしょう介・すきな色が入ってるもの しょう介・自分のみ力しょう介・すきな教科しょう介・クラスのメンバーしょう介・自分しょう介・すなが先生の、(いろいろ)おもしろいことしょう介・自分の特技《とくぎ》しょう介・みんながしらない、私のこと(実は…)・自分の家族しょう介・好きなおかししょう介・すきな言葉しょう介・すきな花しょう介・自分の自まん・最近ハマッていること・自学の工夫しょう介・いってみたい国しょう介・やってみたいことしょう介・今までで一番おもしろかった思い出・むかしのわすれられない友達・自分のクセ・今までで一番うれしかったこと・今、一番ほしいもの・すきな季せつしょう介・自分の家しょう介・自分の日常しょう介・自分のすきな歌しょう介・もしも、3つ願いがかなえられたら・　小のいいとこしょう介・今までで一番びっくりしたことしょう介・習い事しょう介・自分の相ぼうしょう介・一番イヤな生きものしょう介・今一番気になること・この世に実際してほしいもの・修学旅行の思い出しょう介・今までで一番かなしかったこと・自分のたからもの・もしもの作文・すきな天気・すきなお店しょう介・話し方のコツしょう介・これからの未来・自分の最高の時間わりづくり・みらいの自分へ・好きな昔話 オリジナル物語・英語でスピーチ・すきな行事・ようちえんの思い出・四字熟語・すきなマーク・いとこしょう介・すきな給食のメニュー・クラスメイトのいいところ・クラスメイトのすきなたべもの予想・すきなもよう・すきなブランド・すきなキャラクター・日記・友達の名前 由来予想・子どもにつけたい名前・しょうらいの夢・ひっこしたい場所・自分でデザインしてみたい服・すきな時代・決めたい法りつ・歴史人物のだれに会いたい?

70

アイデア集め

1、友達のおもしろい言葉・行動
2、都市伝説
3、もしも作文
4、意見文
5、好きなドラマ・アイドル・芸人
6、コミニケーションのとり方
7、今、問題になっていることの改善法
8、おもしろ作文
9、一番おもしろかったこと
10、自分のしゅみor、友のしゅみ
11、好きなロゴ
12、気分的に何食でたい？
13、音楽は何できく？
14、友のしょうかい
15、流行になる物の予想
16、美人だなと思う人
17、〜についてのアンケート結果（人に聞いてみる）
18、昔どんな子だった？
19、自分のひみつ☆☆
20、〜の人について
21、有名になるには？
22、きょうはしたい!!じまん話!!
23、最近なに買った？
24、自分のやらかしたこと
25、好きな音楽
26、笑ったことｗｗ
27、イケメンな人
28、〜のコツ
29、新しい文具をひらめいて、しょうかい
30、なに!?と思ったこと
31、人がおぼれたら
32、オススメのゲームのしょうかい
33、自分をほめろ!!
34、友をほめろ!!
35、かわいく（かっこよく）なりたい？
36、あこがれの人
37、人と自分のサインあつめ
38、やってみたいヘアスタイル
39、自分をディスってみる
40、ドキドキあったこわい話
41、〜の標語
42、今、ハマっているゲーム
43、好きな色？
44、クラスメンバーのニックネームを考える
45、お気に入りの言葉
46、一番最初に好きになった芸人アイドルなど
47、小学校で一番むずかしかったこと
48、中学校どんな生活かを予想
49、コンビニで何が好き
50、買い物するならネット？店？
51、一番近くのスーパーをほめてください
52、ゲームでおもしろかったこと
53、オススメのゲームのしょうかい
54、どんな習い事したい？
55、ゲームで一番使うキャラのしょうかい
56、よくやるスポーツ
57、できるようになりたいこと
58、できないこと
59、できること（とくい）
60、最近好きになったこと
61、昔の話（自分）
62、男だったら（女だったら）
63、学校のきそくを守るコツまとめ
64、好きだったこと
65、おバカチャレンジ目標
66、今月の目標
67、〜のトップ10
68、〜のトップ3
69、今ほしい物は？
70、買って損した物は？

70

A×23

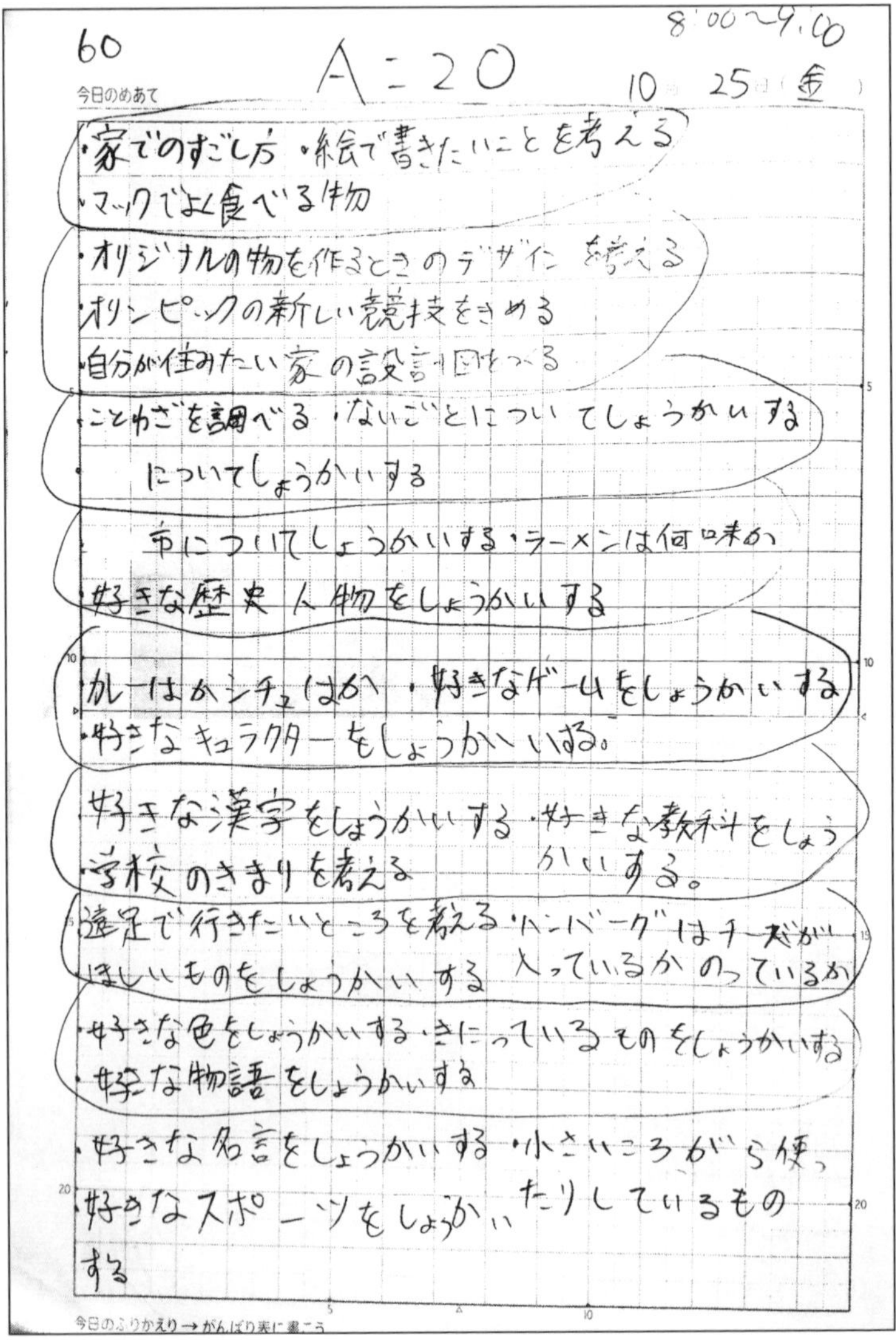

60　A＝20　8:00〜9:00

今日のめあて　10月25日（金）

・家でのすごし方 ・絵で書きたいことを考える
・マックでよく食べる物
・オリジナルの物を作るときのデザインを考える
・オリンピックの新しい競技をきめる
・自分が住みたい家の設計図をつくる
・ことわざを調べる ・ないごとについてしょうかいする
・　についてしょうかいする
・　市についてしょうかいする・ラーメンは何味か
・好きな歴史人物をしょうかいする
・カレーはかシチューはか ・好きなゲームをしょうかいする
・好きなキュラクターをしょうかいる。
・好きな漢字をしょうかいする ・好きな教科をしょうかいする。
・学校のきまりを考える
・遠足で行きたいところを考える ・ハンバーグはチーズが入っているかのっているか
・ほしいものをしょうかいする
・好きな色をしょうかいする ・きになっているものをしょうかいする
・好きな物語をしょうかいする
・好きな名言をしょうかいする ・小さいころから使ったりしているもの
・好きなスポーツをしょうかいする

今日のふりかえり→がんばり表に書こう

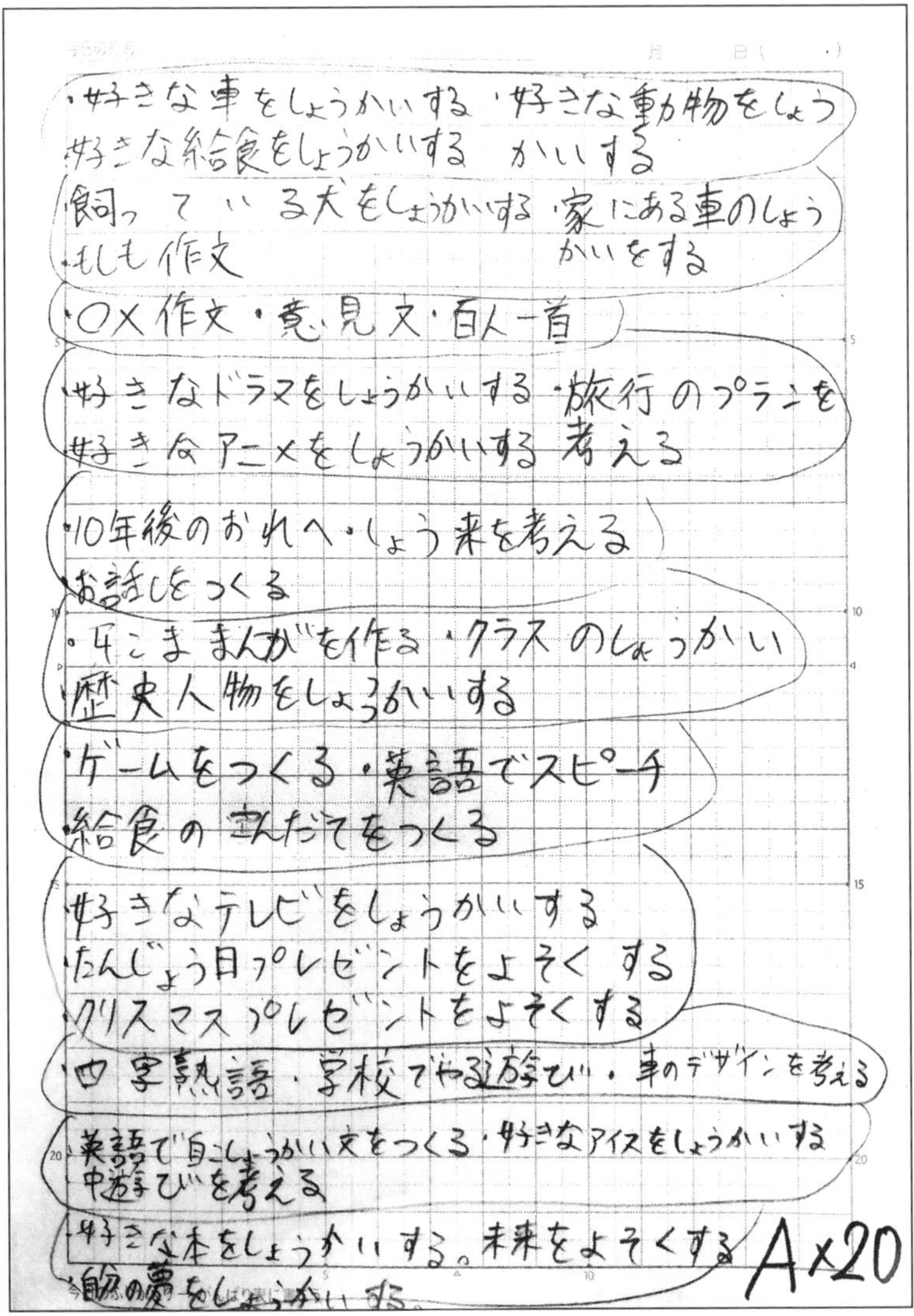
月　日（　・）
・好きな車をしょうかいする ・好きな動物をしょうかいする
好きな給食をしょうかいする
飼っている犬をしょうかいする 家にある車のしょうかいをする
・もしも作文
・○×作文・意見文・百人一首
・好きなドラマをしょうかいする ・旅行のプランを考える
好きなアニメをしょうかいする
・10年後のおれへ・しょう来を考える
・お話しをつくる
・4こままんがを作る・クラスのしょうかい
歴史人物をしょうかいする
・ゲームをつくる・英語でスピーチ
・給食のこんだてをつくる
・好きなテレビをしょうかいする
・たんじょう日プレゼントをよそくする
・クリスマスプレゼントをよそくする
・四字熟語・学校でやる遊び・車のデザインを考える
・英語で自こしょうかい文をつくる・好きなアイスをしょうかいする
中遊びを考える
・好きな本をしょうかいする。未来をよそくする
・自分の夢をしょうかいする。
A×20

10月　2日　　　　アイディア　　　　No.1

・何月が一番すきか・一番家族におねだりしたいこと・未来に
いけたら・過去にいけたら・ウソ日記・こんな人になりたい！・こ
んなものをつくりたい！・自学でSをとるためのコツ・すきな形しょうかい・　小
の先生しょう介・㊀色の食べものしょう介・　のいいとこしょう介・好きなイベント
・自満の友達・〇〇さんの気持ちになって日記をかく・一番「幸せ」を感じたこと・自分の
しゅみ・最近のマイブーム・クラスメイトの第一印象（9人）・クラスメイトを動物にたとえると？（9人）・「生きてて
よかった」と思ったこと・こうかいしたこと・こんなところに家をたてたい！・小さい頃の思い出
・今までで一番こわかったこと・すきな飲み物・ラーメンのすきな味・すきなドレッシング・すきなパン・すきな
テレビ番組・すきなすしのネタ・すきなたまご料理・すきな外のあそび・すきな中のあそび・すきなトランプあそび・すきな
野菜・すきな豆・すきなフルーツ・行ったことがある場所・すきなネコの種類・すきな犬の種類・すきな車・す
きなのりもの・すきな遊具・すきな学校の場所・みんなの家しょう介・家の家事で一番大変そうなこと・
しょうらいやってみたい職業・すきな魚・すきな肉・自分をひとことで表すと・近所の人しょう介・卒業式後にあり
そうな出来事・寒川地区お気に入りの場所・すきな鳥・自分流パンのたべかた・春といえば・夏といえば・秋といえば
・冬といえば・あこがれの人・1年～6年の思い出・話せるようになりたい言葉・都会のいいところ・一生に一度のねがい
・天皇へい下に言いたいこと・運動会のすきな種目・すきなユーチューバー・過去の自分にいいたいこと・未来の自分に
いいたいこと・すきな和音・授業で必要な色について・きらいな虫について・卒業生としての最後の言葉・来年の
一年生にむけて一言・すきなスポーツ・すきながっき・オススメなカフェ・入りたい部活・歴史上人物でお気に
入りの人・友達からもらって一番うれしいもの・一番便利だと思うのりもの・すきな植物・すきなフル
ーツ（くだもの）・得意な料理・今の政治について・今のかん境について・一番得意
なお手伝い・小さい頃の思い出・買いものにいって必ずかう物・最近のテストの
点数について・自分がもってるお気に入りのもの・すきな曜日・苦手な教科
・得意な教科・自分の性格・自分でつくってみたいもの・自分の図工の作品を
見つめて・お気に入りの写真・来年「中学生」だと考えてみる・最近よく行く場所
・最近「かわったな」と思う人・私ってすごい！と思ったこと・すきなこと

105.　　A×35

自主学習のアイデア集

・家での過ごし方　・歴史の偉人　・好きな本　・好きな動物の生態
・好きな色が使われているもの　・自分の魅力　・好きな教科　・クラスの友だち
・先生のおもしろいところ　・自分の特技　・みんなが知らない私のこと　・自分の家族
・好きなお菓子　・好きな言葉　・好きな花　・自分の自慢　・最近ハマっていること
・自学の工夫　・行ってみたい国　・チャレンジしたこと　・一番おもしろかった思い出
・昔の忘れられない友だち　・自分のクセ　・今一番ほしいもの　・好きな季節
・自分の日常　・好きな歌　・もしも3つ願いが叶うなら　・学校のいいところ
・一番びっくりしたこと　・習い事　・一番いやな生き物　・自分の宝物　・もしも作文
・好きな天気　・好きなお店　・話し方のコツ　・これからの未来　・最高の時間割
・未来の自分へ　・好きな昔話　・オリジナル物語　・英語でスピーチ　・好きな行事
・幼稚園の思い出　・好きな給食メニュー　・好きなマーク　・いとこの紹介
・クラスのいいところ　・クラスメイトの好きな食べ物予想　・好きなブランド
・好きなキャラクター　・友だちの名前の由来　・子どもにつけたい名前　・将来の夢
・引っ越したい場所　・デザインしてみたい服　・好きな時代　・あったらいい法律

・歴史人物のだれに会いたい？　・一番好きな月　・家族におねだりしたいこと
・過去に行けたら　・ウソ日記　・こんな人になりたい！　・こんなものをつくりたい！
・自主学習でSをとるコツ　・好きな形　・学校の先生たち　・〇〇さんのなりきり作文
・一番幸せだったこと　・最近のマイブーム　・友だちの第一印象
・友だちを動物にたとえると　・生きててよかったと思うこと　・後悔したこと
・一番怖かったこと　・好きな飲み物　・好きなラーメン　・好きなパン
・好きなテレビ番組　・好きなトランプ遊び　・好きな果物　・行ったことがある場所
・好きな乗り物　・近所の紹介　・地区のお気に入りの場所　・春、夏、秋、冬といえば
・〇年生に向けてメッセージ　・好きなスポーツ　・得意な料理　・今の政治、環境問題
・家でしているお手伝い　・最近のテストの点数　・お気に入りのもの
・自分の図工の作品を見つめて　・自分の性格　・お気に入りの写真　・みんなの成長
・私のすごい！ところ　・小さいころから使っているもの　・オリンピックの新しい競技
・自分の住みたい家の設計図　・ことわざ調べ　・好きな漢字
・あったらいい学校のきまり　・家で飼っているペット　・〇×作文
・意見文　・百人一首調べ　・旅行のプラン　・10年後の自分へ

第2章
2学期
それぞれの「もう一歩先」を目指す

・オリジナルの給食メニュー　・雨が降った日の中遊び　・好きな芸能人
・コミュニケーションの取り方　・社会問題への改善策　・次に流行するもの
・有名人になるには　・最近買ったもの　・〇〇のコツ　・憧れの人　・ヘアアレンジ
・中学校の生活予想　・コンビニの好きなこと　・近所のスーパーをほめろ！
・おすすめのゲーム　・買って損したものは　・慣用句調べ　・最近気になっていること
・自分物語　・世界遺産調べ　・お祭り調べ　・世界の川調べ

授業と自主学習を連動させる

第0章で、自主学習に必要感をもたせるために、授業（の課題）と自主学習を結びつけるとよいと書きました。

1学期は基礎基本が中心でしたが、2学期は子どもたちの自主学習が安定してきます。この機に本格的に授業と連動させ、自主学習を様々に活用していきましょう。

なお、私の場合は、左ページと右ページで分けて自主学習をさせているので、これらは基本的に右ページにやらせます。左ページの基礎基本は変えません。

❶個別作業での活用

授業の中で「気づいたことを10個書きなさい」などと指示することがあります。これらの個人作業の時間はおおよそ5分程度が一般的です。授業の内容によっては、2、3分程度で切り上げる場合もあります。

試しに自分でやってみるとわかるのですが、気づきを5分で10個書くのは、結構大変です。少しでも迷いが生じると絶対に達成できません。切り上げようとすると、子どもたちから「もう少し時間をください！」と言われるのはそのためです。

とはいえ、制限時間を設けるのは授業時間が決められているからであり、これは仕方がありません。

でも、本来は時間など気にせずに思う存分やらせたいところです。

そこで、**もっと書きたい人、書ける人は自主学習で取り組むように指示します。**

その際に「10個でA、20個でAA、30個でAAA」というように、評価を明確に伝えておくと効果的です。

実践例
・国語の熟語調べ　・国語の短文づくり
・理科の観察　・算数の図形調べ
・社会の写真の読み取り　など

❷調べ学習での活用

理科や社会は、子どもたちの調べ学習が中心です。特に社会では、ほとんどの単元が子どもたちの調べ学習をベースに進めていく形で構成されています。

しかし、すべての単元でこのように授業ができるとは限りません。圧倒的に時数が足りないからです。教科書を教え、単元末にはテストを行い、そのうえで子どもたちが調べ、さらに学習を深めていくとなると、1単元に10時間以上は必要です。

加えて、今の学校は予備時数がほとんど確保できない状況です。子どもたちにたっぷり調べさせたくてもできないのです。

そこで、自主学習を活用します。

ポイントは、**調べ学習の課題を単元のはじめにあらかじめ提示し、授業と並行して自主学習で調べさせる**ことです。

自主学習は毎日の宿題なので、コツコツ調べることが可能です。「土日で調べてきなさい」などとドカンと宿題で出すよりも、じっくり取り組めるので効果的です。

さらに、自主学習ならば評価も入るので、毎回意欲的に取り組むことができます。

❸話し合いでの活用

授業の中で、本格的にグループで話し合い活動をすると、15～20分の時間が必要です。発表やまとめの時間まで考えると、話し合った内容を個人でまとめる時間はなかなか取れません。

本来は「グループの友だちがどんな発言をしたか」「それに対して自分はどんなことを考えたか」「話し合いはどのようにしてまとめられたのか」などをじっくりと考え、振り返りをさせたいところです。

私の場合、本格的に話し合いを行う際は、自主学習ノートを使います。

まず、ノートの上部に話し合いのメモを取らせます。そのメモを基に、自主学習で話し合いについて自分の考えを下部にまとめさせます。こうすることで、**どの子も話し合いを「自分事」として捉えるようになります。**

この活用法は、自主学習ノートでなくても可能です。ただ、自主学習のような、自分の考えを書いたりまとめたりする活動に慣れていないとできません。子どもたちの経験が十分でない場合は、宿題にはしない方がよいでしょう。

❹振り返りでの活用

授業の中で、「振り返り」にはあまり時間が確保できません。せいぜい5分が限度でしょう。5分で書ければ問題ないのですが、中にはじっくりと振り返りをさせたい場合があります。

このような場合、私は振り返りを自主学習ノートに書かせるようにしています。**続きを家で書いてくることにし、そのまま宿題にする**のです。道徳で新たな疑問が出てきたとき、算数で様々な考え方が出されたときは、自主学習ノートに書かせるようにしています。

これも別ノートで可能な活用法ですが、自主学習として宿題に出すことに意味があります。私の学級では、宿題はすべて自主学習ノートにできるよう、一本化を図っているからです（今日は国語のノート、今日は社会のノート…と日によってノートを変えなくてよいようにしています）。毎日同じノートを使用することで、安定的に宿題に取り組めるようになります。

2学期になると、学級が成熟し、様々な形式による授業が可能になります。

例えば、ブレインストーミングやワールドカフェなどのファシリテーション型の授業や学び合いなどの子どもたちの主体性を生かした授業です。

私も2学期からは、授業でこれらに積極的に取り組んでいきます。その際にも自主学習を利用すると相乗効果が見込めます。

❺ファシリテーション型授業での活用

課題をあらかじめ提示し、自主学習で課題に関する情報収集、話し合いで提示する内容の精査に取り組ませます。

強制ではなく、自主的にやりたい子に取り組ませるのがポイントです。取り組んできた子は授業で活躍できるので、他の子も「やっていいですか？」と言い出すはずです（または、言い出すような学級経営を心がけたいものです）。

まとめの際にも話し合いをレポートにするとよいことを伝えます。時間の関係で授業では書けなかった部分も、自主学習ならじっくり書くことができます。

❻学び合いの授業での活用

学び合いで生きるのは「予習」です。学び合いでは、課題を早く終えた子は他の子の手助けをする、という仕組みがあります。それは学び合いが「全員達成（一人も見捨てない）」ことを目標としているからです。

普通の授業では、予習をしてくると稀に「ずるい！」と言われてしまうことがありますが、学び合いではそれがありません。ですから、もし学び合いを導入する場合は、自主学習で予習を勧めるとよいでしょう。

第3章

3学期
本物の「独習」の世界に踏み込む

PDCAサイクルを自分で回せるようにする

いよいよ3学期は、自分の力で自主学習にチャレンジしていきます。
教師の力を借りず、すべて自分の力で進めていくうえで重要なのが「自己管理」です。独自の手法を開発してもよいのですが、一般社会に広く普及している「ＴＥＦＣＡＳ（テフカス）」や「ＰＤＣＡサイクル」といった自己管理ツールを利用するとスムーズです。私はわかりやすく、なおかつよく知られている、ＰＤＣＡサイクルを教えることにしています。

ＰＤＣＡサイクルは、

Ｐ…Ｐｌａｎ（計画）　Ｄ…Ｄｏ（実行）

Ｃ…Ｃｈｅｃｋ（評価）　Ａ…Ａｃｔｉｏｎ（改善）

の循環を回すことで、活動経過を管理しつつ、向上的に改善していく手法です。主に品質管理や生産管理に使われますが、一般社会にも広く普及しています。

自主学習に当てはめると以下のようになるでしょう。

P…テスト勉強・苦手箇所の克服・興味のある分野の研究など
D…自主学習を行う
C…自主学習の取り組み方を自己評価する（後述）
A…自主学習の取り組み方をブラッシュアップする（後述）

子どもたちが一番つまずきやすいのはどこでしょうか。

それは圧倒的に「Ｐｌａｎ（計画）」です。子どもたちは、これまで自分で学習を計画し、実行した経験がありません。

「自主学習をしよう」と呼びかけても、多くの子が「何をしたらいいかわからない」と言うのはそのためです。さらに、初期の子どもたちは自主学習のやり方すらままならない状態です。話は戻りますが、4月のはじめに自主学習を「さあ、やってごらん」と丸投げすることがいかに無謀か、ここからもわかります。

さて、この段階になると、子どもたちは自主学習のやり方を身につけているので、落ち着いて学習のプランニングに集中できます。

具体的には、1～2週単位で目標を設定して取り組ませるようにします。

これまでに子どもたちが取り組んだプラン例

・習った漢字の総復習
・物語（作文）を書く
・ことわざ辞典を1冊紹介する
・算数の苦手分野の克服
・算数の文章題のやり直し
・単元ごとにまとめノートを書く（理科）
・歴史の人物紹介
・都道府県の紹介

「テスト勉強」などは、テストのない週はできないので、プランは3つほど立てさせるとよいでしょう。1つに限定するのではなく、幅広く取り組むようにするとうまくいきます。

先の例では載せていませんが、自主学習はいわゆる「勉強」に限りません。例えば「1日1人クラスの子の紹介文を書く」「花言葉辞典をつくる」などというテーマを設定する子もたくさんいました。

もし、なかなかプランが思いつかない子がいたら、第1章で紹介した「自学の森」や第2章で紹介した「アイデアネタ集め」をヒントにプランを考えさせます。**ＰＤＣＡサイクルを自分で回せるようになることが目的なので、１００％オリジナルであることにこだわる必要はありません。**

自分で評価項目をつくらせる

「Ｐｌａｎ（計画）」ができたら、次に必要なのは「Ｃｈｅｃｋ（評価）」です。

私の学級の場合、ここまでは教師の評価項目を基に、単純に「Ｓ～Ｄ」までのランクづけという形で評価されてきました。ここまでは、基礎基本の定着が目的だったので、一律の評価項目による絶対評価が有効でした。

しかし、ここからは違います。

それぞれの「Ｐｌａｎ（計画）」に合った評価項目を設定しなくてはなりません。

つまり、自分の「Ｐｌａｎ（計画）」がどのようにしたら達成されるのか、自分で評価項目をつくらなくてはならないのです。

この「評価項目の設定」は、「Ｐｌａｎ（計画）」と同様、ＰＤＣＡサイクルでも難しいところかもしれません。

例えば、教員においても「教員評価制度」が導入されましたが、最も頭を悩ますのが評価項目の設定ではないでしょうか。「作文を書けるようにする」という「Ｐｌａｎ（計画）」は立てられても、子どもたちが作文を書けるようになったかどうか「Ｃｈｅｃｋ（評価）」するのは極めて難しい問題です。

日本人はこの「Ｃｈｅｃｋ（評価）」が苦手な傾向にあります。学校の先生、会社の上司と、評価は他人がしてくれるので、自分自身で能力を評価する場がないのです。

また、その評価は極めて単純かつ一律化されたもので、「学力＝テストの点数」「生産力＝生産量」「営業力＝獲得顧客数」のように、シンプルに数値で一律評価されることがほとんどです。

しかし、これからの社会は違います。

人間に対する評価は、ものすごいスピードで多様化・総合化してきています。教員にとって身近な話題である「入試」１つとっても、どんどん改革されています。単純にテストの点数だけ取れれば入れる学校は減っていくでしょう。

入学試験制度は様々なので一概には言えませんが、こういった分野では欧米の方が先進的であることは確かです。これまではそれを「欧米では…」と言っていれば済んでいましたが、グローバル化が進むこれからの社会でそれは通用しません。自分で自分のことを理解し、自分で自分のことを動機づけし、自分で自分のことを評価し、自分で自分のことを磨いていく生涯学習的な視点が必要不可欠なのです。

ですから、評価項目をつくらせる、というのは、自主学習を機能させる以上に、子どもたちにとって大いに有意義な経験になります。**学校生活において、自分で自由に計画し、評価できる場は限られています。**ぜひ自主学習を大いに活用したいものです。

しかし、まったくの自由でうまくいくか、というとそうはいきません。これまで書いてきた通り、子どもたちは経験不足ですから、丸投げするのもよくないのです。

よって、評価項目をつくるうえでいくつか観点を与えなくてはいけません。

私の場合は、**「内容」**と**「形式」**の2つの観点で評価項目をつくらせるようにしています。

「内容」に関する評価項目例

・比喩表現をうまく使えるようになったか
・漢字テストのやり方が効果的だったか

・文章問題の解説の仕方が効果的だったか
・歴史人物の紹介を自分で理解しながら書けたか
・理科の実験のまとめを自分で理解しながら書けたか　など

「内容」に関する評価の基本的な考え方として、自主学習に取り組んだとしても、その成果が得られなければ意味がありません。

ただし、それを正確に行うのが困難な場合もあります。

例えば「漢字テストのやり方が効果的だったか」ならば、関連するテストによって、ある程度客観的な評価ができます。

一方で、「『比喩表現』をうまく使えるようになったか」ぐらいになってくると、どこでどの程度その成果があらわれるか判断することは困難です。

したがって、内容に関する自己評価の多くは、自主学習の中だけで閉じられたものになってしまいがちですが、これは仕方がありません。中には甘い評価をする子も出ますが、

「評価をする経験を積めればよい」と割り切りましょう。

もし「自己評価」だけでは心配な場合、やや正確性には欠けますが、友だちに評価して

もらうのも1つの手です。やはり他者の目による客観的な意見は、非常に役に立ちます。

「形式」に関する評価項目例

・丁寧な字で書けたか
・図やイラストを使えたか
・色を使って見やすくできたか
・定規を使ってきちんと書けたか　など

「形式」はノートづくりの評価です。その日その日の自主学習に真剣に取り組めたかを判断します。

先に述べた通り、「内容」に関する評価は、その成果が得られたかどうかで判断するのが本筋であり、判断できるまでに時間がかかる場合が少なくありません。

そこで、「形式」に対する評価を設定し、その日その日の努力をわかりやすく評価できる仕組みをつくります。

評価が滞ってしまうと、意欲が継続しないからです。

これらを基に「Ａｃｔｉｏｎ（改善）」を行っていくわけですが、ここでも大切なのは友だちとノートを見せ合うことです。

子どもたち同士でアドバイスさせた方が、やはり効果的です。

この時期になると「その分野のスペシャリスト」が学級に多数いるので、**取組内容が似ている者同士を結びつけることを意識しましょう。**

私の学級でも、

「理科のまとめをがんばっているんだね。理科なら〇〇さんのノートがすごいよ。絶対に参考にした方がいいよ。おーい、〇〇さん、ちょっと来て！」

などと、私が子ども同士をつなげる役割を担っています。

「守」を生かしながら「破」を模索させる

1学期、2学期と、基本的に決まった枠組みの中で自主学習に取り組んできました。

一方、PDCAサイクルを自分で回せるようになることを目指すとなると、ある意味ここからはまったく自由な世界です。まったくの自由で自主学習をやるとどうなるのか、気になる方も多いでしょう。

次ページからのノートは、この時期の社会、理科の自主学習で、「時代のまとめ」や「単元のまとめ」をやっています。

結論から言えば、自由になったからといって、いきなり突飛なことはしません。**これまで通りの型でノートづくりをする子がほとんどです。**

しかし、よく見ると、図を効果的に使う、オリジナルキャラに解説させる、自分の言葉でユニークにまとめる…など、これまでの経験に基づく工夫が随所に見られます。

明治中期～大正　まとめ

1、先代がいなくなるといろいろめんどい。

前のメモに出てきた大久保利通・西郷隆盛・木戸孝允。みーんな死んじゃった。

と、いうことで新世代！主に活やくしたのは、

大隈重信・伊藤博文・板垣退助

この3人かな。まとめて「キセキの世代」といいます。覚えておきましょう。で、先代の亡くなった方々は「維新の三傑」です。

キセキの世代のカンタンなプロフィールをまとめてみるんである。

伊藤博文（いとうひろぶみ）：長州藩出身。
松下村塾で学び、自然災害クラスのヤバい先輩・S.Tさんに振り回された過去を持つ。フグを広めた人。

大隈重信（おおくましげのぶ）：佐賀藩出身。

弘道館で学び、幼なじみのS.Eさんは佐賀の乱とかを起こした。口グセがかわいいことで知られる。


板垣退助（いたがきたいすけ）土佐藩出身。

「板垣死すとも自由は死せず」で有名。何かの記念で販売された「板垣クリアファイル」はあんまり売れなかった。代わりにイケメン偉人のクリアファイルが売れたという悲しい過去を持つ。

↑伊藤さんのwikiから持ってきたけど…本人どこ？
P.S.板垣さん、写真なくてゴメン。

2、大隈さん、あつかいひどくてゴメンなさい。板垣さん、調べてなくてごめん。

はい、このキセキの世代の共通点は…維新の三傑から見たら弟的な存在！ 大隈さん、ゴメン。

一番分かりやすいのが伊藤さん。自然災害クラスの先輩・S.Tさんに振り回されてたから。ま、本人はそんけーしてたから良いんですがね。で、この弟分組、超がんばった。

当時の政府はやらなきゃいけないことが山積み。(A)でも、維新の三傑はもういない…

(A)

「俺らがやるしかないっしょ！」ということで、キセキの世代は立ち上がりました。それぞれに二つ名をつけてあげましょう。うーん……

・右足ホルマリン、大隈重信！　・フグを広めた、伊藤博文！
・この人が死んでも自由は死なない！板垣退助

3.ほんとにごめんなさい。

はぁ……ほんとごめんなさい。二つ名、ほとんど事実だしん。すいません……。

ばんっ!!じゃあ、キセキの世代の人がやったことをサラっとお届け！

まずは伊藤さんから。伊藤さんは「大日本帝国憲法」を作りました。作った理由は天皇中心の国にするため。中身は「天皇はスゴい！」というようなことが書いてあり、「不磨の大典」と呼ばれます。

次に大隈さん。大隈さんは交渉ですね。不平等条約の。あとは薩長以外で初の総理大臣とか。がんばったね～。

ラストに板垣さん。自由民権運動で国会開設を求めました。退垣死すとも自由は死せず！

4.さらぁ〜〜っと戦争について。

実は日本、今までこれといった外国との戦争がありませんでした。しかし明治に入って「日清戦争」があったんですねーハーイ。その名の通り清(中国)との戦いでした。

続いて日露戦争。こちらはロシアとの戦いです。ここで、橋本の長州豆知識！この日露戦争で活やくした乃木希典は、長州出身。学生時代にお世話になったのは、あの玉木文之進!!松陰先生のおじさん、いや、めっちゃきびしいおじさんです。スゴい人って、類は友を呼ぶ的なアレなのかなー…。

5.私は平和が好きなので、ちゃっちゃと大正にいきまShow!

大正……私の兄貴が好きな時代だ…。バズ○うの名前も「大正時代」だし…。でもさ、大正って○○こういうかんじのメガネつけてるイメージしかないんスけど。風土ちぬだよね。

あんまイメージないなー……

つーわけで、大正についてちょっと調べます。

努力の結果↓

主な文学者

・与謝野晶子 ・夏目漱石 ・芥川龍之介 ・二葉亭四迷 ・太宰治 ・江戸川乱歩

……正直言うと全然調べてません。知ってる文豪をあげただけ…。大正＼(^o^)／オワタ。

ペンネームの由来

二葉亭四迷：お父さんに「くたばってしめぇ！」と言われたため、それをアレンジして二葉亭四迷に。

江戸川乱歩：エドガー・アラン・ポーから。ずっと言ってたら「ん？江戸川乱歩？」とでもなったのでしょうか！

ちなみに、司馬遼太郎の由来は歴史家の司馬遷に「遼か」およばないということかららしいです。こういうのって考えるの大変なんだろーな…と思いました。あ!!……

樋口一葉、忘れてた……。……ごめん…。

大正天皇についてさらっと

大正天皇をざっくりまとめます！

・病弱だった ・側室がおらず、事実上初の側室廃止 ・お父さんとは違って漢詩派

・天皇史上初の関東にお墓がある

以上お！

wikiで大正天皇の写真見たけど、超良い人そうだった！影薄いのがざんねんです！

6.どうしましょう。

いやぁぁぁぁぁぁー!!どんどん幕末から遠ざかってるっ↑！明治はまだ幕末の人生きてたけど昭和はキツいよぉぉぉぉ↑！誰も生きてねぇえええー!!ふぁぁぁぁぁぁー!!

どおしよぉぉぉー!!戦争はあんまり好きじゃないし……ー！戦争はリアルすぎだからぁぁぁぁぁー!!

どおすればいいんだぁぁぁぁぁー!!

続？ 完

地層について　まとめのノート

☆1　地層と断層について

地層とは…れき、砂、どろなどがそれぞれ層になって重なっている層のこと。
断層とは…土の中にある地層が目に見える形になったもの
　このように、土の中はいろいろな砂やどろが層になって、私達が立っている地面になっている。化石もこのような断層や地層の中から発っくつされる。
化石はいろいろなものがあり、みんな知っているような恐竜のタラボサウルスや、植物、貝などがある。また、地面がしま模様になっていない所もある。それは、昔に火山がふんかして、火山灰が積もってできた所だからだ。

断層はどうしてできるの？

断層の原形は、地層。ではどうして断層ができたのだろうか。

それは、大きな地震などで地面がパックリ割れてしまったから。もともとはぴったり合っていた地面も、大きな地震で、ズレてしまうことがある。

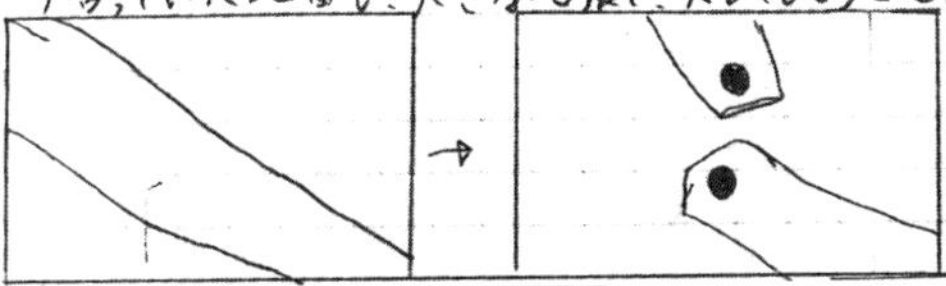

このように、大きな地震で、パッカァァァァァーンと、断層ができる。もともと青い円どうしは直線上に来るはずだ。

☆2　なぜ地層はバラバラなのか

　ペットボトルを使った実験をもとにすると、地層はきれいに重い順でならんでいくはずだ。でも実際は重いものが上へ行ったり、軽いものが下へ行ったりーとばらばらでティラミスのようになっている。これはなぜか。

　地層には、流れる水の力によってできたものと、火山灰がふりつもってできたものの二種類がある。また、水の中にあったものが陸に出てくる事がある。

ヒマラヤ山脈のエベレストのてっぺんから、アンモナイトや、貝の化石が発見された。この事から、エベレストは、海中にあったという事がわかる。

　つまり、エベレストのてっぺんまで海につかっていた。それが何らかのしょうげきによってエベレストがひっぱり上げられて、あんなに高い山になり、いろいろと山ができて山脈になったということ。

家族でん→

いろいろな岩
れき岩…れき（大きさが2mm以上の石）と砂が混ざってできた
砂岩…同じくらいの砂のつぶがあつまってできた
でい岩…細か〜いどろのつぶでつくられた。どろだんごみたいなかんじ。

火山灰について
　火山灰は、すなのつぶよりも小さい。車にかかってしまったら、最悪。ふいたら砂が小さすぎてキーッときずつけてしまう。

まとめのノート

☆3 水溶液について

薬品にアルミニウム・鉄を加えると

この実験では、うすい塩酸・うすい水酸化ナトリウム水よう液・食塩水でやる。

薬品	鉄を加えたとき	アルミニウムを加えたとき
うすい塩酸…	あわを出してとけた。	あわを出してとけた
うすい水酸化ナトリウム水溶液…	変化しなかった	あわを出してとけた
食塩水…	変化しなかった	変化しなかった

考察

食塩水では、どちらも反応しなかった。ナトリウム水溶液はアルミニウムだけ反応した。うすい塩酸はどちらも反応した。酸性は、鉄やアルミニウムをとかす力があるようだ。

塩酸を加えた鉄を蒸発させると

蒸発皿に残ったものは、うすい黄色。色を例えるなら、ちらしずしの上にのっているあのたまご。磁石を近づけてみると、引きつけられなかった。うすい塩酸を加えると、とける。しかし、普通の鉄のように、あわは出なかった。

以上の事を考えると、蒸発したものは、鉄のものではないというのが分かった。塩酸によって、別のものに変わったと分かる。

☆4 月と太陽について

月が輝くしくみ

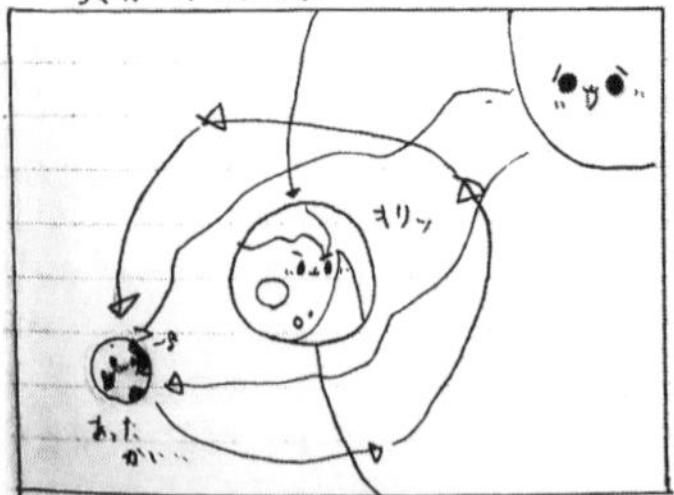

左の図の時は、月が満月になるとき。太陽からの光が真正面に当たっているため。

新月になる日は、月がちょうど太陽の前にくると、月の背中に日光が当たるため、地球からは月が見えなくなる。そして新月になる。

（新月って赤ちゃんたくさんうまれるらしいですね…）

地球のうしろがわに月がいる時は、右側が見える半月の状態。

地球の前側に月がきているときは、左側が見える半月。というように、月がぐるぐるとまわっている所に太陽の光が当たって地球から月が見えている。

月はどんな星？

月は、いわば石のかたまり。そして、死んでいる惑星。

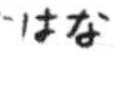

もともと月は、いん石のしょうとつでできた惑星で、地球や太陽のように核融合もしていない。だから、水も植物もない。

このように、子どもたちはこれまでに身につけた方法や型を生かして書くようになります。私はそれでよいと思っていますし、それこそが大切と思っています。

武芸の道でよく「守・破・離」が言われますが、このころの子どもたちは「破」の段階にいます。「守（これまでの型）」を生かしながら、少しずつ「破（自分の型）」を確立している状態です。

いずれ子どもたちは「離」の段階に進むでしょう。しかし、武芸の道で言われるようにそれには長い時間がかかりますし、「離」なのですから、そもそも教師が介入していい領域ではありません。

自主学習に限らず、私たち教師は、子どもたちの「離」の姿に憧れ、そのことにこだわり過ぎてしまいがちですが、最も大切なのは「守」から「破」の流れをいかに指導するかというところであると思います。

次学年の予習を奨励する

３学期の後半には、次年度の学習も意識して、自主学習で次年度の学習内容の予習を奨励します。

学習意欲などとのかかわりから考えると、予習がよいかどうかは賛否の分かれるところですが、つまずきを未然に防ぐという点では効果が期待できます。

次年度は担任の手を離れるわけですから、自主学習のやり方が大きく変わるかもしれません。そんなとき、学習内容も自主学習のやり方も新しいと、適応するのに苦戦する子どもも出てきます。

そんなことも踏まえて、予習に取り組ませるわけです。

次ページのノートは、６年生による中学１年生の数学の予習です。

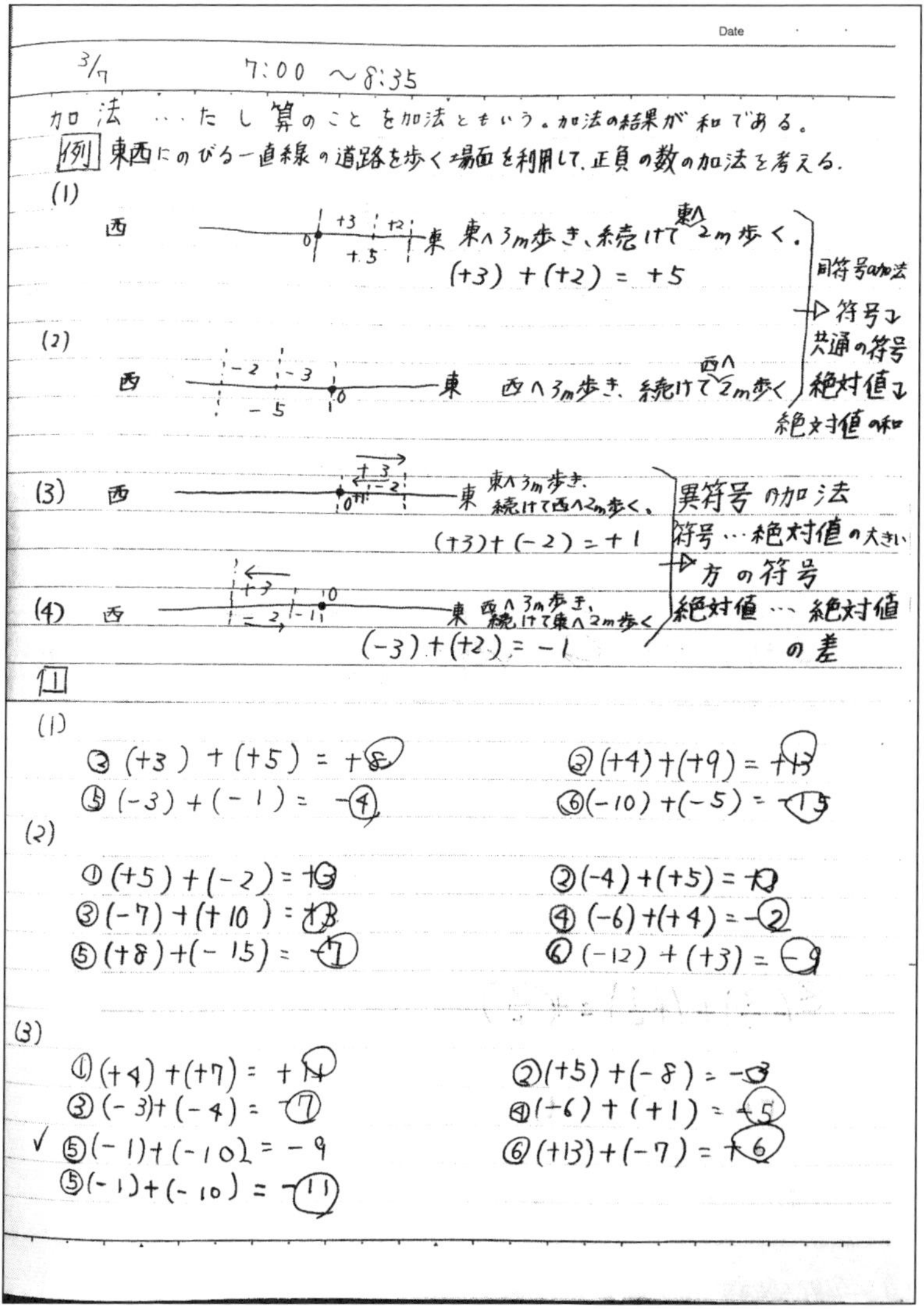

Date

3/7　7:00 〜 8:35

加法 …たし算のことを加法という。加法の結果が和である。

[例] 東西にのびる一直線の道路を歩く場面を利用して、正負の数の加法を考える。

(1) 西　東　東へ3m歩き、続けて東へ2m歩く。

$(+3)+(+2)=+5$

(2) 西　東　西へ3m歩き、続けて西へ2m歩く

同符号の加法
→符号→共通の符号
絶対値→絶対値の和

(3) 西　東　東へ3m歩き、続けて西へ2m歩く。

$(+3)+(-2)=+1$

(4) 西　東　西へ3m歩き、続けて東へ2m歩く

$(-3)+(+2)=-1$

異符号の加法
符号…絶対値の大きい方の符号
絶対値…絶対値の差

[1]

(1)

③ $(+3)+(+5)=+8$　④ $(+4)+(+9)=+13$

⑤ $(-3)+(-1)=-4$　⑥ $(-10)+(-5)=-15$

(2)

① $(+5)+(-2)=+3$　② $(-4)+(+5)=+1$

③ $(-7)+(+10)=+3$　④ $(-6)+(+4)=-2$

⑤ $(+8)+(-15)=-7$　⑥ $(-12)+(+3)=-9$

(3)

① $(+4)+(+7)=+11$　② $(+5)+(-8)=-3$

③ $(-3)+(-4)=-7$　④ $(-6)+(+1)=-5$

✓ ⑤ $(-1)+(-10)=-9$　⑥ $(+13)+(-7)=+6$

⑤ $(-1)+(-10)=-11$

成長を喜び合うイベントをしかける

いよいよ一年が終わります。

熱意をもって指導してきたら、子どもたちだけではなく、教師自身も「ここまでよくやりきったなぁ」と感じるはずです。

そこでぜひ、3学期の最後に、何か特別なイベントをしかけて、子どもたちと成長を喜び合ってほしいと思います。

イベント例

・終わった自主学習ノートでタワーをつくる
・終わった自主学習ノートを廊下に並べて長さを測る
・自主学習ノートが○冊以上終わった子へ表彰状を渡す

・「A評価1000個獲得パーティ」を行う

簡単にできるものから、準備が必要なものまでありますが、そのときの状況に合わせて柔軟に行うとよいでしょう。

これらの例は、すべて私が実際にこれまでに取り組んだことのあるイベントなのですが、毎年手のかかるイベントばかりを行えるわけではありません。

しかし、簡単なイベントでも工夫1つで変わります。

例えば、自主学習タワー。

学級だけではインパクトが弱いですが、**学年で取り組むとすごいタワーができ上がります。**「目標○cm」とあらかじめ目標ラインを掲示し、1冊終わるたびに積み上げていくのも、少しずつ高くなっていくのが実感できておもしろいです。

表彰も、工夫次第で豪華なイベントにできます。

賞状を担任から渡すのではなく、**校長先生にお願いして、直々に渡してもらうようにするる**のです。子どもたちにとって、校長先生に表彰されるのは、小学校生活で一度あるかないかの大きな出来事です。学級だけではなく、学年単位で表彰式を行えると素敵です。

「A評価1000個獲得パーティ」は**「学級全員で1000個」というのがポイント**です。

このシステムであれば、自主学習をがんばると学級に貢献できるわけですから、がんばることが正当化されるようになります。「よし！　がんばってA評価を取るぞ！」という発言が堂々とできるようになるわけです。この教育効果は決して馬鹿にできません。これまで斜に構えていた子たちも、からかわれるのが怖くてやる気を出せなかった子たちも、堂々とがんばれるようになるからです。がんばれば学級の役に立つ、しかもそれはみんなが望んでいるパーティである――という大義名分を先に与えてしまうわけです。こういうことができるのが、ゲームのよいところです。

さて、先に述べた通り「ご褒美ほしさに自主学習に取り組む」というのは本末転倒です。しかし、子どもたちが着実に自主学習に取り組むならば、私は「お楽しみ要素」はあった方がいいと思います。

このこととも少し関連する話を最後に書きますが、自主学習において、最も重要なこととは何でしょうか。

確実に成果を上げること。

独習のための様々な方法を身につけること。

それらの積み重ねによって子どもたちのマインドが変わること。

確かにどれも大変重要ですが、私が一番重要だと思うのは、**子どもも教師も自主学習を「楽しんでいる」という事実**だと思います。

子どもも教師も、ワクワクしながら取り組み、指導をしている。

これに勝る教育効果はありません。

どうかこのことを忘れずに、教師であるあなた自身も自主学習を楽しんでいただけたら幸せに思います。

おわりに

最後まで本書をお読みいただき、ありがとうございました。

読書は、メタ的に自身を把握することで、効果が高まります。

本書を通じて、

「ここは役に立ちそうだ（立ちそうにない）」

「これはその通りだ（いや、違う）」

といった思いから、

「今まであまり深く考えてこなかったけど、自分は自主学習について、こんなふうに考えていたんだな…」

といった気づきまで、様々なものを得ていただけたのなら、本書は少なからず読者の先生方のお役に立てたことになります。

そして、そういった思いや気づきこそが、読者の先生方の実践のスタート地点になるのだと思います。

かく言う私のスタート地点は、ある懇親会でのことでした。

自主学習が話題になり、話が盛り上がってきたときのことです。

「ところで、みんなはさ、なんでそんなに自主学習を一生懸命やらせているの？」

私の師匠である山中伸之先生のひと言でした。

他の参加者にとっては何気ないひと言だったかもしれません。

しかし、私にとっては、「自主学習について学び直そう」と強烈に思うきっかけになったのです。


さて、本書でも繰り返し書きましたが、成功する秘訣は一にも二にも「継続」です。

「始めることは成功の半ばであり、続けることが成功する秘訣である」

これは私の父の言葉ですが、「継続」は私の人生の羅針盤の1つ。

本書も、10年間の継続がなければ誕生しなかったでしょう。

最後になりますが、私の自主学習は山中伸之先生の実践がベースとなっています。それにもかかわらず、本書の執筆についてお電話でお伝えすると、御自身のことのように喜んでくださり、ご快諾くださいました。改めて深く感謝いたします。

そして、デビュー作『6月からの学級経営』に引き続き、企画、執筆、校正と、すべての面で私を支えてくださった明治図書出版の矢口郁雄さんをはじめ、私の愛する大切な家族、サークルの仲間、同僚、学級の子どもたち、保護者の皆さん、卒業生たち、そして本書をお読みいただいたすべての先生方への感謝とご多幸を祈りつつ、終わりとさせていただきます。

2020年3月

須永　吉信

【著者紹介】

須永　吉信（すなが　よしのぶ）

1986年生まれ。群馬大学教育学部卒業。

栃木県・小山市立寒川小学校勤務。おやま教育サークル代表。

「授業道場野口塾」青年塾生。山中伸之氏に師事。

サークルの理念「良いものは良い　良いものは続く　良いものはいつか受け入れられる」をモットーに，日々授業や学級経営に励んでいる。研究分野は国語教育，道徳教育，学級経営など。

単著に，『6月からの学級経営　1年間崩れないクラスをつくるための戦略・戦術』

ブログ『積小教育実践記』

http://yosinobu4569.blog.fc2.com/

“やらせっぱなし”でも“隠れ強制”でもない

自主学習 THE REAL

2020年4月初版第1刷刊　©著　者　須　永　吉　信

2021年1月初版第3刷刊　発行者　藤　原　光　政

発行所　明治図書出版株式会社

http://www.meijitosho.co.jp

（企画）矢口郁雄（校正）大内奈々子

〒114-0023　東京都北区滝野川7-46-1

振替00160-5-151318　電話03(5907)6701

ご注文窓口　電話03(5907)6668

＊検印省略　組版所　株　式　会　社　カ　シ　ヨ

Printed in Japan　ISBN978-4-18-377419-4